華志文化

華志文化

人生必讀的成功法則

第一卷　成功者社交法則
第二卷　處世的終極藝術
第三卷　挑戰人性的弱點
第四卷　引爆潛能的力量
第五卷　一切從行動開始

李津／編著

在大師們的指導下，會讓你養成良好的習慣，積極思考、持之以恒、團結合作，為成就大事業打好基礎。同時結合完美的講話藝術、處世藝術，在社交中獨佔鰲頭，成為交際高手，贏得他人的讚許。**相信透過本書，每位讀者都可以找到實現夢想的捷徑，去改變命運，實現人生的成功！行動起來，向成功邁進吧！**

本書共分為五卷，每卷一個主題，分別是社交、處世、弱點、潛能和行動，這裡面無不集合了大師們思想的精髓！本書論述觀點皆引自大師的思想精華，希望對讀者友幫助。

前言：人生必讀的成功法則

人生在世，總要處理各種各樣的人際關係，究竟應該怎樣處世呢？這是每個人每天都要碰到、並且躲不開的問題。如果處世得宜，不僅可以營造和諧的人際環境，心情輕鬆愉快，還可以廣交多助，有利於工作的開展和事業的發展。

而每個人都不是盡善盡美的，都具備某種人性的弱點，這裡的「弱點」主要是指人的性格、意志、品行等方面的精神特質，是就人的心理和精神等主觀方面而言，而不是指客觀的生理條件。

第三卷弱點篇就是為了使人們改正自身的種種弱點，讓讀者學會在日常生活、商務活動與社會交往中與人打交道，並有效地影響他人，從而具備面對現實生活的絕對能力。相信會對您的一生有很大的幫助。

我們每個人身上都蘊藏著巨大的潛能，但由於我們沒有進行有效的訓練，巨大的潛能只好「沈睡」在我們身上。第四卷潛能篇就是為了與渴望成功的每一個人共用這些無時不在、普遍而永恒的真理，向你介紹一種成功之道，來幫助你開發無盡的潛能。

在我們的生活中至少存在兩種類型的人：一是天天沈浸於幻想中，看不

到一點行動的痕跡；二是善於把想法落實到計劃中，成為一個敢於行動的人。你屬於哪一種呢？在這個世界上，有許多人常常把失敗的原因歸罪於外部因素，而不是從自身尋找失敗的病根子。

這些人常常是一名幻想主義者，面對那些看不見、摸不著的東西時心動不已，總以為光憑自己的意願就能實現人生理想，就能過上自己想過的日子，就能成為一個被人羨慕的人。拋開這些特定的人不講，實際上在我們的身邊，那些天天抱頭空想自己未來的人，之所以沒有人生的進展，就在於他們都是心動的人，而不是行動的人。

最後一卷行動篇的最大特點就是解決了一般人行動時常遇到的眾多困惑，提出了近百個可行性的方案。讀起來能使人精神為之一振，大有一番要立即站起來趕緊行動的欲望。

從積極的心態到一生的資本，從社交法則積極行動，我們會從這些成功學大師那裡瞭解到積極的心態是成功的關鍵，只有遠離消極心態，以積極的心態面對人生、把握人生才能擁有美好的未來。同時，也會全面瞭解自己的性格對於人生的規劃和發展將發揮到哪些作用，看到自己性格中的優點，並充分利用這些長人之處，發揮潛能，獲得成功！

在大師們的指導下，還會讓你養成良好的習慣，積極思考、持之以恒、團結合作，為成就大事業打好基礎。同時結合完美的講話藝術、處世藝術，在社交中獨佔鰲頭，成為交際高手，贏得他人的讚許和認可。

當然，在這一過程中，還要摒棄自身的各種缺陷、弱點。行動起來，向成功邁進吧！

相信透過閱讀本書，每一位讀者都可以找到實現夢想的捷徑，改變命運，實現人生的成功！

全書共分為五卷，每卷一個主題，分別是社交、處世、弱點、潛能和行動，這裡面無不集合了大師們思想的精髓！本書論述觀點皆引自大師的思想精華，希望對讀者友幫助。

李津編著

目錄：人生必讀的成功法則

第一卷　成功者的社交法則

第二卷　處世的藝術

第三卷　挑戰人性的弱點

第四卷　引爆潛能，喚醒你心中沈睡的巨人

第五卷　一切從行動開始

第一卷　成功者的社交法則

第一課：讚美的法則

要改變人而不觸犯對方或引起反感，那麼，請稱讚他們最微小的進步，並稱讚每次的進步。

一　讚賞之辭如同沙漠之泉

康乃狄格州有位律師R君，在參加完卡內基的課程之後，有天和太太駕車到長島去拜訪幾個親友。R君的太太留他陪一位老姑媽聊天，自己則到別處去見幾個年輕的親戚。R君覺得不妨以這位老姑媽為對象，體驗一下使用「讚賞原則」的效果。

「這棟房子是在一八九〇年建造的吧？」他問道。

「是的。」老姑媽回答，「正是那年建造的。」

「這使我想起我們以前的老房子，我在那裡出生的。」R君說道，「那房子很漂亮，蓋得很好，有很多房間。現在已經很少有這種房子了。」

「你說得很對。這是一棟像夢一般的房子。」老姑媽的聲音因回憶而顫抖了，「這是一棟用愛建造而成的房子。我的丈夫和我夢想了好幾年，我們沒有請建築師，完全是我們自己設計的。」

她帶著R君到處參觀，R君也熱誠地發出讚美。室內有很多漂亮的擺設，都是她四處旅行時收集來的——小毛毯、老式的英國茶具、有名的英國威基伍德陶器、法國床和椅子、義大利圖畫，還有曾經掛在法國一座城堡裡的絲質窗幔。

看完了房子以後，老姑媽又帶R君到車庫去，那裡停著一輛派克車——幾乎沒使用過的。「這是我丈夫在去世前沒多久買給我的。」她輕聲說道，「自從他死後，我就沒有動過它……你懂得鑒賞好東西，我就把它送給你吧！」

「啊，姑媽，」R君叫道，「別嚇壞我了。我知道你很慷慨，但是，我卻不能接受，我已經有了一部新車，而且我們並不算是真正的親戚。我相信你有許多親戚會很喜歡這部車。」

「親戚！」她叫起來，「不錯，我是有很多親戚。但是，他們只是在等我死掉好得到這部車子。哼，他們得不到的。」

「如果你不想送給他們，也可以賣給汽車商啊！」R君建議道。

「賣給汽車商！」她大叫，「你以為我會把這部車子賣掉嗎？你以為我可以忍受讓陌生人開著它到處跑嗎，這是我丈夫買給我的車子啊！我做夢都不會把它給賣掉的。我想把它送給你，是因為你懂得鑒賞好東西。」

這位老姑媽獨自住在這棟大屋子裡，活在往日的記憶中，渴望的就是一點小小的讚賞。一旦她找到了，就像在沙漠中得到泉水一樣，感激之情無法表達，只有用她最珍愛的派克車來表示心意了。

在幾十年前，有一個倫敦孩子在一家布店當店員。他早晨五點鐘就要起身，打掃全店，每日如同奴隸般的工作十四個小時，那簡直是苦工，他輕視它。過了兩年，他再也不能忍受了，一天早晨起來，他來不及吃早餐，走了十五里路，去與他在別人家裡當管家的母親商談。

他哭泣著，發狂地向他母親請求不再做那工作了，他起誓，如果他必須再留在這店中，他就要自殺。然後他寫了一封長而悲慘的信給他的老校長，說他心已破碎，不願再活。他的老校長給了他一些稱讚，並肯定地對他說，他實在是很聰敏，適於更好的工作，並給了他一個教員的位置。

那個稱讚改變了那個孩子的未來，他成了英國文學史上最傑出的人物。因為那個孩子自此以後，曾著了七十七本書，用他的筆賺了一百多萬美元。你大概已經聽過他的名字，他就是韋爾斯。

講到改變人，假如你我要激勵我們所接觸的人，認識他們所具有的寶藏，我們所能做的，比改變人還多；我們真能改變他們。

這是過分的話嗎？那麼且聽已故的哈佛詹姆士教授的名言，他是美國最著名的心理學家和哲學家：

「與我們本來應有的成就相比較，我們不過是半醒著，我們現在只是在利用我們身心資源的一小部分。廣義地說，人類的個人就這樣地生活著，遠在他應有的極限之內；他有著各種力量，但習慣地未被利用。」

所以，要改變人而不觸犯或引起反感，那麼，請稱讚他們最微小的進步，並稱讚每次的進步。要「誠於嘉許，寬於稱道」。

二 怎樣讓別人立刻喜歡你

詹姆士教授說：「人性中最深切的本質，就是希望得到讚賞。」你希望那些跟你來往的人都讚賞你。你希望大家賞識你的真正身價。你希望在你的小世界中得到你是重要人物的一種感覺。

因此，我們就要遵守這條金科玉律，以希望別人怎樣待我之心去對待別人。要做到這一點就要做到對人「以禮相待」，怎樣才能做到「以禮相待」呢？一些客氣的話，像「抱歉麻煩你」，「請問能否」，「拜託啦」，「請問是否可以」，「謝謝你」，像這些生活細節，可以潤滑每日生活的單調齒輪。而且，這些禮貌也是良好家教的表現。

一個不變的事實是，你所碰到的每個人，幾乎都認為他在某些方面比你優秀；而一個絕對可以贏得他歡心的方法是，以一種不露痕跡的方法讓他明白，你確認他在自己的小天地裡是個重要的人物，而且你是真誠地確認他這點。

請記住愛默生說的：「每一個我碰到的人，都在某方面比我優秀，而在那方面，我可以向他學習。」

第二課：微笑的法則

微笑比皺眉頭更能傳達你的心意。這就是在教學上要以鼓勵代替懲罰的原因所在了。

一 被他人接受的訣竅

在一個宴會上，其中一名賓客——一個獲得遺產的婦人，急於留給每一個人一個良好的印象。她浪費了很多金錢在黑貂皮大衣、鑽石和珍珠上面。但是她對自己的面孔，卻沒有發現每一個男人所知道的：一個女人臉上的表情，比她身上所穿的衣服更重要。

查爾斯．史考伯對記者說過，他的微笑價值一百萬美金。他可能只是輕描淡寫而已，因為史考伯的性格，他的魅力，他那使他人喜歡他的才能，幾乎全是他卓越成功的整個原因。他的性格中，令人喜歡的一項因素是他那動人的微笑。

一天下午記者和莫里斯．雪佛萊在一起。「坦白說，我感到失望，我快快不樂，沈默寡言，跟我所期望的完全不同，直到他微笑的時候，我的觀感才改變，就好像是太陽衝破了雲層。」

如果不是因為微笑，莫里斯．雪佛萊可能仍然是巴黎的一位家具製造者，和他的父兄一樣。

行動比言語更具有力量，而微笑所表示的是：「我喜歡你，你使我快樂，我很高興見到你。」

這就是為什麼狗這麼受人們歡迎。牠們多麼高興見到我們，幾乎要從皮膚裡跳出來。因此，我們就很高興見到牠們。

一個嬰兒的微笑也有同樣的效果。你是否在醫院的候診室待過？看著四周的病人和他們沈鬱的臉。一位密蘇里州的獸醫，史蒂芬·史皮爾博士提到，有一個春天，他的候診室裡擠滿了顧客，帶著他們的寵物準備注射疫苗。沒有人聊天，大約有六七個顧客在等著，之後又有一位女顧客進來了，帶著她九個月大的孩子和一隻小貓，幸運的是，她就坐在一位先生旁邊，而那位先生已是等得不耐煩了。

可是他發現，那個孩子正抬著頭注視著他，並咧著嘴對他無邪地笑著。這位先生反應如何呢？跟你我一樣，當然他對那個孩子笑了笑。然後他就跟這位女顧客聊起她的孩子和他的孫子來了。一會兒，整個候診室的人都聊起來了。整個氣氛從乏味、僵冷而變成愉快。

一種不真誠的微笑？不，那種笑騙不了任何人。我所說的是一種真正的微笑，一種令人心情溫暖的微笑，一種發自內心的微笑，這種微笑才能在市場上賣得好價錢。密西根大學的心理學家詹姆斯·麥克奈爾教授談他對笑的看法說：有笑容的人，在管理、教導、推銷上較有功效，更可以培養快樂的下一代。

微笑比皺眉更能傳達你的心意，這就是在教學上要以鼓勵代替懲罰的原因所在了。一個紐約大百貨公司的人事經理告訴我，他寧願雇用一名有可愛笑容而沒有念完中學的女孩，也不願雇用一個擺著撲克面孔的博士。

笑的影響是很大的，即使本人無法看到。遍布美國的電話公司有個專案叫「聲音的威力」，提供電話讓使用者來推銷他的產品和服務。在這個專案裡，電話公司建議人們，在打電話時要保持笑容。但你的「笑容」是由聲音來傳達。

俄亥俄州的辛辛那提一家電腦公司的經理，告訴我們他如何為一個很難填補的空額找到了一個適當的人選。

「為了替公司找一個電腦博士幾乎要了我的命。最後我找到一個非常好的人選，將要大學畢業。幾次電話交談後，我知道還有其他幾家公司也希望他去，而且都比我的公司大、有名。當他接受這份工作時，我真的是非常高興。他開始上班時，我問他，為什麼放棄其他的機會而選擇我們公司。他想了一下，然後說：我想是因為其他公司的經理在電話裡是冷冰冰的，商業味很重，那使我覺得好像只是另一次生意上的往來而已。但你的聲音，聽起來似乎你真的希望我能夠成為你們公司的一員。我可以相信，你在聽電話時是笑著的。」

二 微笑是家庭的黏合劑

「我喜歡成千上萬的商人，花一個星期的時間，每天二十四個小時，都對別人微笑，然後再回到班上來，談談所得到的結果。情形如何呢？我們來看看……」這是威廉．史坦哈寫來的一封信，他是紐約證券股票場外市場部的一員，他的例子並不是唯一的，事實上，它是好幾百人中的典型例子。

「我已經結婚十八年了，」史坦哈在信上說，「在這段時間裡，從我早上起來，到我要上班的時候，我很少對我太太微笑，或對她說上幾句話。我是百老匯最悶悶不樂的人。

「既然你要我以微笑的經驗發表一段談話，我就決定試一個禮拜看看，因此，第二天早上梳頭的時候，我就看著鏡中的我的滿面愁容，對自己說：『畢爾，你今天要把臉上的愁容一掃而空。你要微笑起來。你現在就開始微笑。』當我坐下來吃早餐的時候，我以『早安，親愛的』跟我太太打招呼，同時對她微笑。

「你曾說，她可能大吃一驚。嗯，你低估了她的反應。她被搞糊塗了。她驚愕不已。我對她說，她從此可以把我這種態度看成慣常的事情。而我每天早上這樣做，已經有兩個月了。

「這種作法改變了我的態度，在這兩個月中，我們家得到的幸福比去年一年還要多。

「現在，我要去上班的時候，就會對大樓的電梯管理員微笑著，說一聲『早安』。我以微笑跟大樓門口的警衛打招呼。我對停車場的收費小姐微笑，在我跟她換零錢的時候。當我站在交易所裡時，我對那些以前從沒見過我微笑的人微笑。

「我很快就發現，每一個人也對我報以微笑。我以一種愉快的態度，來對待那些滿肚子牢騷的人。我一面聽著他們的牢騷，一面微笑著，於是問題就很容易解決了。我發現微笑帶給我更多的收入，每天帶來更多的鈔票。」

「我跟另一位經紀人合用一間辦公室。他的職員之一是個很討人喜歡的年輕人，我告訴他我最近所學到的做人處世哲學，我為我所得到的結果而高興。他接著承認說，當我最初跟他共用辦公室的時候，他認為我是個非常悶悶不樂的人，直到最近，他才改變看法。他說，當我微笑的時候，我充滿慈祥。

「我也改掉批評他人的習慣。我現在只賞識和讚美人，而不蔑視他人。我已經停止談論我所要的，我現在試著從別人的觀點來看事物。而這種種真的是改變了我的一生。我變成一個完全不同的人，一個更快樂的人，一個更富有的人，在友誼和幸福方面很富有——這些才是真正重要的事物。」

寫這封信的是一個老練的股票經紀人，從事這一行太難了，每一百個中就有九十九個失敗。

你不喜歡微笑？那怎麼辦呢？有兩種方法：第一、強迫你自己微笑。如果你是單獨一個人，強迫你自己吹口哨，或哼上一曲。表現出你似乎已經很快樂，這就容易使你快樂了。以下是已故的哈佛大學威廉．詹姆士教授的說法：

「行動似乎是跟隨在感覺後面，但實際上行動和感覺是並肩而行的。行動是在意志的直接控制之下，而我們能夠間接地控制不在意志直接控制下的感覺。

「因此，如果我們不愉快的話，要變得愉快的主動方式是，愉快地做起來，而且言行都好像是已經愉快起來似的。」

世界上的每一個人都在追求幸福。幸福並不是依靠外在的情況，而是依靠內在的情況。

在酷熱不毛的熱帶地區，那些可憐的農奴用他們原始的農具耕作著，然而卡內基在那裡卻看到了許多快樂的臉孔。而這些快樂的臉孔卻無異於在紐約、芝加哥、洛杉磯的冷氣辦公室裡所看到的。

「沒有什麼事，是好的或壞的，」莎士比亞說，「但思想卻使其中有所不同。」

林肯曾說：「多數的人快樂的情形，跟他們所決心要快樂的差不多。」卡內基講述了一個生動例子，他當時正走上紐約長島火車站的階梯，就在他面前，有三四十名拄著枴杖的男孩，正掙扎著走上階梯，有個男孩還必須靠人抱上去。卡內基對他們的笑聲和快樂的心情感到吃驚極了。他跟一個帶領這批孩子的人提到這點，「呵，是的，」他說，「當一個孩子發覺他一輩子將是個跛子時，最初會驚愕不已，但是，等他的驚愕消逝之後，他就接受了自己的命運，於是就比一般正常的孩子們更快樂一點。」

卡內基說：「我們應該向那些孩子敬禮。他們教了我一課，我希望永遠不會忘記。」

三 微笑是工作的驅動力

獨自在一個封閉的房間裡工作，不僅寂寞而且還斷絕了和公司其他人交朋友的機會。墨西哥的西諾拉．瑪利就是這樣的。當她聽到其他同事的聊天聲和笑聲時，她真的很羨慕他們同事間的情誼。在她工作的第一個星期裡，當她經過辦公廳，從他們旁邊經過時，她害羞得把頭轉了過去。

幾個禮拜之後，她告訴她自己：「瑪利，你不能期望別人先來跟你打招呼，你必須去跟他們打招呼。」以後，她再經過辦公廳時，臉上總掛著一個最燦爛的微笑，並跟每一個遇到她的人說：「嗨，今天還好吧？」效果是直接的，笑容和招呼都回到了她身上。走道似乎明亮多了，工作氣氛也似乎友善多了，彼此都會打個招呼，有些變成了朋友。她的工作和生活也變得更愉快和有趣了。

當瑪麗．匹克福正準備跟道格拉斯．費爾班離婚的時候，卡內基和她共度了一個下午。全世界的人，都可能認為她當時會很沮喪、不快樂，但是卡內基卻發現她是他見過的最安詳和最得意的人之一。富蘭克林．貝特格，當年聖路易紅雀棒球隊的三壘手，目前是全美國最成功的推銷保險人士之一。他說，很多年前他就覺得，一個面帶微笑的人永遠受歡迎。

因此，在進入別人的辦公室之前，他總是停下來片刻，想想他必須感激的許多事情，露出一個大大的、真誠的微笑，然後當微笑正從臉上消逝的一剎那，走進去。

他相信，這種簡單的技巧，跟他推銷保險如此成功，有很大的關係。

艾勃．哈巴德有一段忠告：「每回你出門的時候，把下巴縮進來，頭抬得高高的，肺部充滿空氣，沐浴在陽光裡，以微笑來招呼你的朋友們，每一次握手都使出力量。不要擔心被誤解，不要浪費一分鐘去想你的敵人。試著在心裡肯定你所喜歡做的是什麼；

然後，在清楚的方向之下，你會筆直地達到目標。心裡想著你所喜歡做的偉大而美好的事情，然後，當歲月消逝的時候，你會發現自己掌握了實現你的希望所需要的機會。正如珊瑚從潮水中汲取所需要的物質一樣。在心中想像著那個你希望成為的有辦法的、誠懇的、有用的人，而你心中的思想，每一個小時都會把你轉化為那個特殊的人……思想是至高無上的。

保持一種正確的人生觀，一種勇敢的、坦白的、愉快的態度。思想正確，就等於是創造。一切的事物，都來自於希望，而每一個誠懇的祈禱，都會實現。我們心裡想什麼，就會變成什麼。把下巴縮起來，把頭高高昂起，我們是明天的神仙。」

你的笑容就是你好意的信差。你的笑容能照亮所有看到它的人。對那些整天都皺著眉頭、愁容滿面的人來說，你的笑容就像穿過烏雲的太陽。尤其對那些受到上司、客戶、老師、父母或子女的壓力的人，一個笑容能幫助他們瞭解一切都是有希望的，也就是說世界是有歡樂的。

第三課：打動人心的法則

先迎合別人的需求而達到自己的需求，讓別人樂於做對雙方都有利的事情。

一 如何讓別人做對雙方都有利的事

自古以來，人類就是處於共生狀態的。人際交往就是一個與他人共用資源、共用資訊的過程。假如你想相識滿天下，故人遍四海，為何不先迎合別人，滿足別人的需要，再考慮如何實現自己的需要呢？

魚兒離不開水，事業有成，也離不開良好的人際關係。人際關係的建立，鞏固和拓展都需要做出準確的判斷和及時的調整。

如何建立良好的人際關係，並鞏固和拓展人際關係，這需要我們做出艱苦的努力，並遵循一定的原則。人際關係學上一條重要的原則就是：先迎合別人的需求而達到自己的需求，讓別人樂於做對雙方都有利的事情。

可歎的是，在這個社會上，能夠做到這一點的人還相當少。大凡事業有成的人，總能做到與他人共用利益，有時甚至可以反敗為勝。

夏天的時候，卡內基經常到緬因州一帶去釣魚，他很喜歡吃鮮奶油草莓。但是，因為某種奇怪的理由，卡內基發現魚只愛吃蟲，所以，當他釣魚的時候，他想的不是自己要吃什麼，而是魚兒要吃什麼。卡內基沒有用鮮奶油草莓當誘餌，而是用蟲和蚱蜢，然後他便可以向魚兒說：「你們要不要嘗嘗看？」

想要他人為你做些什麼，何不也用同樣的辦法呢？

第一次世界大戰期間，英國首相勞埃德．喬治正是採用了這種作法。有人問他，許多戰時領袖——像威爾遜、奧蘭多和克里蒙梭——都逐漸在人們心中褪色，而他如何能位居要津？喬治回答，如果一定要歸諸一個原因的話，那就是，你要釣到什麼樣的魚，就得用什麼樣的誘餌。

為什麼要提到我們的需要，那是多麼幼稚、荒唐。不錯，你注意的當然是自身的需要，但除了你自己，可能再沒有人感興趣了。我們也正和你一樣，只注意自己的需要！

所以，天底下只有一個方法可以影響人，就是提出他們的需要，並且讓他們

知道怎樣去獲得。』

卡內基向紐約某家飯店租用大舞廳，每一季用二十個晚上，舉辦一系列的講課。在某一季開始的時候，卡內基突然接到通知，說他必須付出幾乎比以前高出三倍的租金。卡內基得到這個通知的時候，入場券已經印好，發出去了，而且所有的通告都已經公布了。

當然，卡內基不想付這筆增加的租金，可是跟飯店的人談論自己不想要什麼，又有什麼用？他們只對他們所要的感興趣。因此，幾天之後，卡內基去見飯店的經理。

「收到你的信，我有點吃驚，」卡內基說，「但是我根本不怪你。如果我是你，我也可能發出一封類似的信。你身為飯店的經理，有責任盡可能地使收入增加。現在，我們拿出一張紙來，把你可能得到的利弊列出來，如果你堅持要增加租金的話。」

然後，卡內基取出一張信紙，在中間劃一條線，一邊寫著「利」，另一邊寫著「弊」。

卡內基在「利」這邊的下面寫下這些字：「舞廳空下來。」接著說：「你有把舞廳租給別人開舞會或開大會的好處。這是一個很大的好處，因為像這類的活動，比租給人家當講課場地增加不少收入。如果我把你的舞廳佔用二十個晚上來講課，對你當然是一筆不小的損失。

「現在，我們來考慮壞處方面。第一，你不但不能從我這兒增加你的收入，反而會減少你的收入。事實上，你將一點收入也沒有，因為我無法支付你所要求的租金。我只好被逼到別的地方去開這些課。

「你還有一個壞處。這些課程吸引不少受過教育、水準高的人士到你的飯店來。這對你是一個很好的宣傳，不是嗎？事實上，如果你花費五千美元在報上登廣告的話，也無法像我的這些課程能吸引這麼多的人來看看你的飯店。這對一家飯店來講，不是價值很大嗎，對不對？」

卡內基一面說，一面把這兩項壞處寫在「弊」的下面，然後把紙遞給飯店的經理，說：「我希望你好好考慮你可能得到的利弊，然後告訴我你的最後決定。」

第二天卡內基收到一封信，通知他租金只漲50％，而不是300％。

請注意，卡內基沒有說出一句他所要的，就得到減租。他一直都在談論對方所要的，以及他如何能得到他所要的。

假設卡內基做出平常一般人所做的：他怒氣沖沖地衝到經理的辦公室去說：「你這是什麼意思，明明知道我的入場券已經印好，通知已經發出，卻要增加我三倍的租金？增加三倍！豈有此理！荒謬！我不付！」那麼情形會怎樣呢？一場爭論就會如火如荼地展開——而你知道爭論會有什麼後果。甚至即使他使經理相信自己錯了，其自尊心也會使他很難屈服和讓步。

明天，你也許有機會要求某人做某事。記住，在你開口之前，先停下來問你自己：「我怎樣才能讓這個人想去做這件事？」

這一問題會讓我們不至於過分急躁，更不會只為了自己的需要而做徒勞無益的囉嗦。

亨利．福特對處理人際關係所提出的忠言：成功的人際關係在於你能捕捉對方觀點的能力；還有，看一件事須兼顧你和對方的不同角度。

這話真是金玉良言，這道理也十分簡單明瞭，每個人都能一眼看出此話不假。但是，這世界仍有90％的人在90％的時間裡忽視其重要性。

歐文．楊是一個著名律師，也是美國有名的商業領袖。他說過：「能設身處地為他人著想，瞭解別人心裡想些什麼的人，永遠不用擔心未來。」

如果你想學會待人處世，那麼，請記住這個原則：想到別人的需求。

二 如何打動別人的心

每一個拜訪過艾森豪威爾的人，都對他淵博的知識感到驚訝。不論是一名牛仔或騎兵，紐約政客或外交官，艾森豪威爾都知道該對他們說什麼。他怎麼辦到的呢？答案很簡單，每次艾森豪威爾知道有人要來，就提前讓祕書將來訪的客人的資料都準備好，這樣他就知道 這位客人特別感興趣的話題了。

因為艾森豪威爾知道，打動人心的最佳方式是跟他談論他最珍貴的事物。

馬里蘭州的海瑞曼退伍後，想在馬里蘭的康伯蘭谷地定居。不幸的是，這個地區的工作機會很少。觀察了一段時間之後，他發現這地區裡的公司大部分都由一個叫作范克豪斯的人獨佔。但是，他是出了名的討厭求職者。海瑞曼說：「我向許多人打聽，發現他最大的興趣就是權利和金錢。

為了躲避像我這樣的人，他用了一位很精明嚴肅的女祕書。我研究了這位祕書的興趣後，就直接去拜訪她。當我告訴她，我有個建議要給范克豪斯，這個建議可能使他在財務和政治上一舉兩得時，她感到有興趣了。我又對她說，她在范克豪斯的成功中扮演著極具建設性的角色。

這次談話之後，她安排了我去見范克豪斯先生。他坐在一張雕刻的大桌子後面，對我吼著：『什麼事啊，年輕人？』我回答說：『范克豪斯先生，我相信我能為你賺更多的錢。』他馬上站了起來，請我到一張大沙發上坐下。我一一地說出我的構想和我的條件資歷，來描繪這些建議，而且說明這些對他事業和個人的成功會有多大的貢獻。

「他瞭解之後，立刻雇用了我。現在已經有三十多年了，我在他的企業中成長，而且我們三個都飛黃騰達了。」

有時，挑別人喜歡的說和做，對雙方都會有益。大體上來說，每當這樣做時，人的生命就會獲得再度的擴展。

第四課：替他人著想的法則

不要因為你的敵人而燃起一把怒火，來燒傷你自己。

一 學會寬容

卡內基說：愛你的仇人，善待恨你的人。詛咒你的，要為他祝福；凌辱你的，要為他禱告。

1 報復心理是一個病源

多年前的一個晚上，卡內基正旅行經過黃石公園。一位森林的管理人員騎在馬上，跟一群興奮的遊客談些關於熊的事情。他告訴他們：一種大灰熊大概能夠擊倒西方所有的動物，除了水牛和另一種黑熊。但那天晚上，他卻注意到一隻小動物一一只有一隻，那隻大灰熊不但讓牠從森林裡出來，並且和牠在燈光下共食。那是一隻臭鼬！大灰熊知道，牠的巨大手掌，可以一掌把這隻臭鼬打昏，可是牠為什麼不那樣做呢？因為牠從經驗裡學到，那樣做很划不來。

卡內基也知道這一點。當他還是個孩子的時候，曾經在密蘇里的農莊裡抓過四隻腳的臭鼬；長大成人以後，他在紐約的街上也曾碰到過幾個像臭鼬一樣的兩隻腳的人。他從這些不幸的經驗裡發現：無論招惹哪一種臭鼬，都是划不來的。

當我們恨我們的仇人時，就等於給了他們致勝的力量。那力量能夠妨礙我們的睡眠、我們的胃口、我們的血壓、我們的健康和我們的快樂。要是我們的仇人知道他們如何令我們擔心，令我們苦惱，令我們一心報復的話，他們一定會高興得跳起舞來。我們心中的恨意完全不能傷害到他們，卻使我們的生活變得像地獄一般。

你猜是誰說過？「要是自私的人想佔你的便宜，就不要去理會他們，更不要想去報復。當你想跟他扯平的時候，你傷害自己的，比傷到那個人的更多……」這段話聽起來好像是什麼理想主義者所說的，其實不然。這段話出現在一份由密爾瓦基警察所發出的通告上。報復怎麼會傷害你呢？傷害的地方可多了。

根據《生活》雜誌的報道，報復甚至會損害你的健康。這家雜誌告訴人們：高血壓患者大多都容易憤慨，憤怒不止的話，長期性的高血壓和心臟病就會隨之而來。

2 火爆脾氣能送命

卡內基的一個朋友曾發了一次嚴重的心臟病，他的醫生命令他躺在床上，不論發生任何事情都不能生氣。醫生們都知道，心臟衰弱的人，一發脾氣就可能送掉性命。許多年以前，在華盛頓州的史波肯城，有一個飯館老闆就是因為生氣而死去。這是一封從華盛頓州史波肯城警察局長史瓦脫那裡來的信。

信上說：「幾年以前，史波肯城一家小餐館的老闆，因為他的廚子一定要用茶碟喝咖啡，使他非常生氣，抓起一把左輪槍去追那個廚子，結果因為心臟病發作而倒地死去——手裡還緊緊地抓著那把槍。驗屍官的報告宣稱：他因為憤怒而引起心臟病發作致死。」

3 怨恨心理會毀容

一些女人，她們的臉因為怨恨而有皺紋，因為悔恨而變了形，表情僵硬。不管怎樣美容，對她們容貌的改進，也比不上讓她心裡充滿了寬容、溫柔和愛所能起的作用。

怨恨的心理，甚至會毀了我們對食物的享受。《聖經》上面說：「懷著愛心吃蔬菜，會比懷著怨恨吃牛肉好得多。」

要是我們的仇人知道我們對他們的怨恨使我們筋疲力竭，使我們疲倦而緊張不安，使我們的外表受到傷害，使我們得心臟病，甚至可能使我們短命的時候，他們不是會很高興嗎？即使我們不能愛我們的仇人，至少我們要愛我們自己。我們要使仇人不能控制我們的快樂、我們的健康和我們的外表。

就如莎士比亞所說的：「不要因為你的敵人而燃起一把怒火，來燒傷你自己。」

02 溫和能帶來好運

史特勞伯先生是個工程師，他想要求房東減低房租，但他聽說房東是個鐵面無私的人，恐怕很難說動。「我寫了一封信給他，」史特勞伯回憶道，「我告訴他，等租約一到，我就要搬出公寓。事實上，我並不想搬家，只要房租降低，我很願意繼續住下去。但情況並不樂觀，其他房客試過——但都沒有成功。他們告訴我，這位房東極難應付，要特別小心。我對自己說：『我正選修一門與人相處方法的課程，正好可以實驗一下，看看效果如何？』

「房東一接到信後就來找我。我在門口與他打招呼，講些熱誠的問候話。我沒有提到房租太高的事，只告訴他很喜歡這棟公寓。我平靜溫和地恭維他很會管理房子，說自己假如不是付不起房租的話，我很願意再多住一年。他一定是從來沒有碰到過這樣的房客，顯然一時不知該如何是好。」

「後來他告訴我一些困擾，就是房客們的抱怨。有人寫了十四封信給他，其中有些顯然在侮辱他還有人要他叫樓上的房客停止打鼾，否則就要毀約。『像你這樣的房客，真讓我鬆口氣。』他說，並且沒經過我的要求，自動減低了一些房租，我說出我能付出的數目，他也不多說什麼便爽快地答應了。

「在他準備離開的時候，忽然轉過身來問我：『房子有沒有什麼需要裝修的？』

「如果我用別人的方法要求減租，相信碰到的下場也同他們一樣。這就是友善所產生的力量。」

記住林肯所說的話：「一滴蜂蜜要比一加侖的膽汁，招引更多蒼蠅。」

三 學會忘記仇人

我們也許不能像聖人般去愛我們的仇人，可是為了我們自己的健康和快樂，我們至少要原諒他們，忘記他們，這樣做實在是很聰明的事。有一次卡內基問艾森豪威爾將軍的兒子約翰，他的父親會不會一直懷恨別人。「不會，」他回答，「我爸爸從來不浪費一分鐘，去想那些他不喜歡的人。」

有句老話說：不能生氣的人是笨蛋，而不去生氣的人才是聰明人。

這也就是前紐約州長蓋諾所抱定的政策。他被一份內幕小報攻擊得體無完膚之後，又被一個瘋子打了一槍幾乎送命。當他躺在醫院為他的生命掙扎的時候，他說：「每天晚上我都原諒所有的事情和每個人。」

有一次，卡內基曾問布魯克——他曾經做過威爾遜、哈定、柯立芝、胡佛、羅斯福和杜魯門六位總統的顧問。卡內基問他會不會因為他的敵人攻擊他而難過？「沒有一個人能夠羞辱我或者干擾我，」他回答說，「我不讓自己這樣做。」也沒有人能夠羞辱或困擾你——除非你讓自己這樣做。

棍子和石頭也許能打斷我們的骨頭，可是言語永遠也不能傷著我們。

四 一個有效方法

有一個能原諒和忘記誤解和錯對自己的人的有效方法，就是讓自己去做一些絕對超出我們能力以外的大事，這樣我們所碰到的侮辱和敵意就無關緊要了。因為這樣我們就不會有精神去計較思想之外的事了。在美國歷史上，恐怕再沒有誰受到的責難、怨恨、陷害比林肯多了。但是韓登不朽的傳記中記載，林肯卻「從來不以他自己的好惡來批評別人。如果有什麼任務待做，他也會想到他的敵人可以做得像別人一樣好。

如果一個以前曾經羞辱過他的人，或者是對他個人有不敬的人，恰是某個位置的最佳人選，林肯還是會讓他去擔任那個職務，就像他會派任他的朋友去做這件事一樣……而且，他也從來沒有因為某人是他的敵人，或者因為他不喜歡某個人，而解除那個人的職務。」很多被林肯委任而居於高位的人，以前都曾批評或是羞辱過他——比如像麥克里蘭、斯丹東和齊斯。

但林肯相信「沒有人會因為他做了什麼而被歌頌，或者因為他做了什麼或沒有做什麼而被貶低。」因為所有的人都受條件、情況、環境、教育、生活習慣和遺傳的影響，使他們成為現在這個樣子，將來也永遠是這個樣子。

五　切勿睚眥必報

喬治．羅納是瑞典的一位著名律師。在第二次世界大戰期間，他逃到瑞士，身無分文，很需要找份工作。因為他能說能寫好幾國語言，所以希望能在一家進出口公司裡找一份祕書的工作。絕大多數公司都回信告訴他，因為正在打仗，他們不需要用這一類的人，不過他們會把他的名字存在檔案裡……等等。

不過有一個人在寫給喬治．羅納的信上說：「你對我生意的瞭解完全錯誤。你既錯又笨，我根本不需要任何替我寫信的祕書。即使我需要，也不會請你，因為你甚至連瑞士文也寫不好，信裡全是錯字。」

喬治．羅納看到這封信的時候，簡直氣得發瘋。那個瑞士人寫信來說他寫不通瑞士文是什麼意思？那個瑞士人自己的信上就是錯誤百出。

於是喬治．羅納也寫了一封信，目的是想使那個人大發脾氣。但接著他就停下來對自己說：「等一等，我怎麼知道這個字是不是對的？我修過瑞士文，可是這並不是我家鄉的語言，也許我確實犯了很多我並不知道的錯誤。如果是那樣的話，我想要得到一份工作，就必須再努力地學習。這個人可能幫了我一個大忙，雖然他本意並非如此。他用這種難聽的話來表達他的意思，並不表示我就不虧欠他，所以應該寫封信感謝他。」

於是喬治．羅納撕掉了他剛剛寫好的那封罵人的信，另外寫了一封信說：

「你這樣不嫌麻煩地寫信給我實在太好了，尤其是你並不需要一個替你寫信的祕書。對於我把貴公司的業務弄錯的事我覺得非常抱歉，我之所以寫信給你，是因為我向別人打聽，而別人把你介紹給我，說你是這一行的領導人物。我並不知道我的信上有很多文法的錯誤，我覺得很慚愧，也很難過。我現在打算更努力地學習瑞士文，以改正我的錯誤，謝謝你幫助我走上改進之路。」

不到幾天，喬治．羅納就收到那個人的回信，請羅納去看他。羅納去了，而且得到一份工作，喬治．羅納由此發現「溫和的回答能消除怒氣」。

要時時保持「化干戈為玉帛」的心態，理解和友善地對待他人，才能反過來受到他人的友善對待。

六 做一個善解人意的人

有的時候與我們交往的對方也許全錯了，但他本人並不一定意識到了這一點。不要去責備他，那樣做太愚蠢了。應該試著去瞭解他，這樣的人才是聰明、寬容的人，才會在人際交往中如魚得水。

別人之所以認為自己沒有錯，一定有他的原因。找出那個隱藏著的原因，那你就擁有了解釋他行為或者個性的鑰匙。

如果你總能對自己說：「我要是處在他的情況下，會有什麼感覺？會有什麼反應？」那你就能節約不少時間，免去許多苦惱。因為「若對原因感興趣，我們就不大會討厭結果」。而除此以外，你還將大大增加人際溝通的技巧。

「暫停一分鐘，」肯尼斯．庫第在他的著作《如何使人們變得高貴》中說，「暫停一分鐘，把你對自己事情的高度興趣，跟你對其他事情的漠不關心，互相作個比較。那麼，你就會明白，世界上其他人也正是抱著這種態度！這就是：要想與人相處，成功與否全在於你能不能以同情的心理理解別人的觀點。」

這一點，卡爾先生有其獨特的心得：

多年來，我經常在我家附近的一處公園內散步和騎馬，作為消遣和休息。我跟古代高盧人的督伊德教徒一樣，『只崇拜一棵橡樹』。因此，當我一季又一季地看到那些嫩樹和灌木被一些不必要的大火燒毀時，覺得十分傷心。那些火災並不是由於吸菸者的疏忽而引起的，而幾乎全是由那些在公園野餐，在樹下煮蛋和做『熱狗』的小孩子們引起的。有時火勢太猛，甚至要驚動消防隊來撲滅。

在公園的一個角落裡，立著一塊告示牌說：任何使公園內起火的人必將受罰或被拘留。但告示牌立在一個偏僻的角落裡，很少有人看到。公園裡有騎馬的警察，本應該照顧公園才對，但他們並未盡職。

火災繼續在每一個季節裡蔓延。有一次，我慌慌張張地跑到一位警察面前，告訴他公園裡有一處著火了，希望他趕快通知消防隊，但他竟然漠不關心地回答，這不關他的事，因為那兒不是他的轄區！我真失望。從此，我再到公園騎馬的時候，就像一名自封的管理員那樣，試圖去保護公共財產。

剛開始，我並不去試著瞭解孩子們的想法，一看到樹下有火，心裡就很不痛快。我總是騎馬來到這些孩子面前，警告說：如果他（她）們使公園發生火災，就要被送進監獄去。

我以權威的口氣，命令他們把火撲滅。如果他們拒絕，我就威脅說要叫人把他們抓起來。我只是盡情發洩我的怒氣，根本沒有慮及他們的想法。結果呢？那些孩子服從了——不是心甘情願而是憤恨地服從了。但等我騎馬跑過山丘之後，他們很可能又把火點燃了，而且恨不得把整個公園燒光。

隨著年歲的增長，我對與人交往有了更多一點的知識，變得通情達理了一點，更懂得從別人的觀點來看事情。於是，我不再下命令了，我會騎著馬來到那個火堆前，說出這樣一番話：

『玩得痛快嗎？孩子們。你們晚餐想吃點什麼？我小時候也很喜歡燒火堆，而現在還是很喜歡。但你們應該知道，在這個公園裡燒火是十分危險的，我知道你們幾位會很小心，但其他人可就不這麼小心了。他們來了，看到你們生起了一堆火；因此他們也生起了火，而後來回家時卻又不把火弄熄，結果火燒到枯葉，蔓延開來，把樹木都燒死了。

如果我們不多加小心，以後這兒會一棵樹都沒有了。但我不想太嘮叨，掃了你們的興。我很高興看到你們玩得十分痛快；可是，能不能請你們現在立刻把火堆旁邊的枯葉子全部撥開。另外，在你們離開之前，用泥土、很多的泥土把火堆掩蓋起來。你們願不願意呢？下一次，如果你們還想生火，能不能麻煩你們改到山丘的那一頭，就在沙坑裡生火。在那兒起火，就不會造成任何損害……真的謝謝你們，孩子們！祝你們玩得痛快。』

這種說法有了極大的效果，使得那些孩子們願意合作了，不勉強、不憎恨。他們並沒有被強迫接受命令，他們保住了面子，覺得舒服了一點。我也會覺得舒服一點，因為我事先考慮到了他們的看法，再來處理事情。

以後，當你請求任何人把火滅掉，或請求他買一瓶清潔液，或請求他捐出五十元給紅十字會之前，何不暫停一下，閉上眼睛，試著從別人的角度仔細想一想整件事？問問你自己：「為什麼他這麼做？」不錯，這要花費你很多時間，但這能使你結交到朋友，得到更好的結果，減少摩擦和困難。

第五課：展示自己的法則

推銷是一種你不會在朋友面前那樣表現的行為。

一 建立信心

一位成功的公司女主管說：「我在一家修道學校等了十二年，結果，當我開始推銷的時候，每當有人和我說話，我就向他鞠躬。我一再地道歉。假如我發高燒，我就說對不起。假如我的老闆發高燒，我也說對不起。

如果外面下雨，我還是說對不起。」學習自我推銷的必需課程是，有辦法看出你自己的錯誤和缺點，從而改正、完善它們，但你也必須學會判斷你什麼時候有權為一些不太順利的事情不負責任。

男人相對而言可能知道什麼事情他們必須負責，什麼事情可以不理會。一家大報社的廣告經理說：「推銷是一種你不會在朋友面前那樣表現的行為。」當你推銷一種產品的時候，你要對方買下來，你要對方把你看成是一個誠實、真摯的人。通常，當你說「推銷」的時候，你跟他們之間就出現一道無形的鴻溝。你必須使別人相信，你有一種特殊的產品正是他需要的。

自我推銷的方法之一，是絕不可表現出很害怕的樣子。那如果你沒有被雇用呢？還有別的工作啊。

當然，如果你失業了一年，太太懷孕了九個月，孩子需要矯正牙齒，你在找工作接受面試時，有權看起來忐忑不安。但可能的話，要看起來很有信心，甚至即使你覺得你像剛從一架飛機中被推出來。

最重要的是，你要認為你有資格擔任哪項職務，如果你被雇用的話，你認為你會做得很好。

此外，當你在推銷自己的時候，不要害怕做錯事，但一定要從錯誤中得到教訓。當你在推銷你自己的時候，別擔心做錯事。但別忘記要從錯誤中得到教訓。

推銷自己，十分類似參照一本詳細的食譜，去準備一道菜。正當你認為每一步都確實照做了之後，還必須回到第一頁，做最後的加油添醋，這才是成敗的關鍵。

推銷自己的方式，必須經常修改。你不再是五年前的你，也不會是五年後的你。你接觸的那些人，他們也有改變之處，人家對你的態度也會改變的。如果你對自己有信心，真誠和信心將是你最大的資產。這是推銷自己時該記住的最重要的一點。

推銷自己是一種才華，也是一門藝術。就像是繪畫的能力，兩者都需要培養個人的風格。沒有風格的話，你只是芸芸眾生中的一個而已。風格是所有我們以前和現在所看到的和感受到的綜合品。

如何推銷自己

「如果成功有任何祕訣的話，」亨利．福特說，「就是了解對方的觀點，並且從他的角度和你的角度來看事情的那種才能。」

這段話真是太好了！

這句話太簡單，太明顯了，任何人應該第一眼就能看出其中的道理；但是世界上有百分之九十的人在百分之九十的時間裡，卻忽視了其中的道理。

舉個例子，看看明天早上放在你桌上的信件吧，你就會發現，那些信件多數違反了這個常識。拿這封信來說，寫信的是一家廣播公司的無線電部門主管，全美國都有分公司。這封信發給全美各地的無線電臺經理。（卡內基在每個括弧內，寫下他對每一段文字的反應。）

印第安那州布蘭克維爾

約翰・布蘭克先生

親愛的布蘭克先生，

本公司希望在無線電界，保護廣告業務的領導地位。

（誰管你的公司希望什麼？我擔心的是我自己的問題。銀行正準備沒收我的房子抵押，害蟲正啃噬著蜀葵，昨天股票大跌，今天早上我誤了八點十五分的火車，昨天晚上鍾斯家沒有邀請我去跳舞，醫生說我的血壓過高，有神經炎，頭皮太多。然後，又發生了什麼呢？我今天早上抵達辦公室心煩得很，打開我的信件，卻讀到紐約一個名不見經傳的人物，嘮叨他公司的什麼希望。去他的！如果他能瞭解他這封信給人的印象，他就會離開廣告界，改行去製造消毒液。）

本公司的廣告客戶，是那些無線電臺。每一年，本公司的營業額，都是名列前茅。

（你又大，又富，又遙遙領先，是不是？那又怎樣？我才不管，即使你的公司有通用汽車公司、通用電氣公司和美國陸軍總部合起來那麼大。如果你不這麼淺薄的話，你就應該明白我只關心我有多大——而不是你有多大。你提到自己有多成功，這一切只使我覺得渺小和不重要。）

我們希望把有關無線電臺的最新消息，提供給我們的客戶。

（你希望！你希望！你這個不知天高地厚的笨蛋。我才不管你有什麼希望，或墨索里尼有什麼希望，或平克勞斯貝有什麼希望。我要幹乾脆脆地告訴你，我只對我的希望感興趣——而對於這一點，你卻沒有在你這封荒謬的信中提到一個字。）

因此，你可以把本公司列為你們報告每週消息的必要對象——每一項對廣告公司有利於在黃金時間插播廣告的細節。

（「必要對象。」好大的口氣！你大談特談你們的大公司，使我覺得微不足道——然後你要我把你們列入「必要」的對象中，甚至連個「請」字也不說。）

即刻回信，告訴我們你們最近的「活動」，將對彼此有益。

（你這個笨蛋！你寄給我一封低級的複寫信件——一封像秋葉似的寄至天涯海角的千篇一律的信；你居然斗膽地在我擔心房子抵押、蜀葵和高血壓的時候要我坐下來，親自口述一封私人的信，告訴你收到你這封複寫的信——而且你要我「即刻」回信。你這「即刻」是什麼意思？難道你不知道我跟你一樣忙碌——或至少我喜歡想像成跟你一樣忙碌。還有，既然我們是在談這個問題，我倒要問問你，你有什麼權力命令我做這做那的？你說這件事將對「彼此有益」。終於，你開始看清了我的觀點。但是怎樣對我有益，你卻含糊不清。）

無線電臺部門經理約翰．布蘭克誠懇地再啟：所附上的布蘭克維爾日報副本，對你有參考價值，你也許要在貴電臺播放出來。

（終於，你在再啟中，提到了一項也許可以幫我解決一個問題的一件事。你為什麼不在信的一開頭就提到這點──但又有什麼用呢？任何廣告界的人犯了你這種毛病，延腦一定有問題。你不需要寫信來要一份我們的近況，你需要的是一夸脫的碘，注入你的甲狀腺。）

如果一個人一生致力於廣告事業，自以為具有勸說他人購買廣告的高等才華──假如他寫出一封這樣的信來，我們對屠夫、麵包師傅、汽車機械修理者，還能期望什麼呢？

在紐約一家銀行工作的芭貝拉．安德生，為了兒子的健康而搬到亞利桑那州鳳凰市去。她給鳳凰市的十二家銀行寫了一封信：

敬啟者：

本人在銀行工作已有十年經驗，並為快速成長之貴銀行感到興趣。

本人曾在紐約銀行家信託公司各部門工作，現已升為分部經理，熟悉銀行各部門業務，包括與存戶之關係、信用、貸款及行政。

本人將在五月遷居鳳凰市，深信能有助於貴銀行之成長與獲利。本人將在四月三日前後一星期到達鳳凰市，如能蒙賜機會，使本人顯示如何有助於貴銀行達到目標，則感激不盡。

敬頌

商安

芭貝拉・安德生

你認為安德生太太這封信會得到回音嗎？十二家銀行中有十一家來信請她去面談，足可以供她選擇。為什麼呢？安德生太太沒有說她要什麼，只是在信中說她如何地可以幫助他們，著重他們的需要，而絲毫不提自己的需要。

今天有成千上萬的推銷員穿梭在城市的各個角落，來往於熙熙攘攘的人群中，既疲憊、消極，收入又微薄。為什麼會造成這種尷尬的局面？是他們推銷的商品不合格嗎？不是，儘管有些推銷員推銷的商品品質不好卻以次充好，但不可否認大部分推銷員推銷的商品品質還是信得過的；是他們推銷的商品價格太昂貴了嗎？也不是，把他們推銷的同類商品的價格與商場相比，我們發現推銷員推銷的商品的價格要優惠得多。

推銷員推銷不出手中的商品的原因在於他們所想的一直是要推銷他們手中的商品，他們沒有發覺，你或我都沒有購買的欲望。如果要買的話，我們自己會去買，但我們一直都想解決我們的問題。如果一位錐銷員能讓我們知道他的服務或商品將如何能幫助我們解決問題，他就不需要向我們推銷了，我們自然會買。

安德生太太的信使得銀行和雙方都有收穫：銀行方面獲得了一位出類拔萃的工作人員，而安德生太太也得到了適合的工作。

引起迫切渴望的需要的原則，使每一個人都有收穫的一個例子是美國羅德島州瓦魏克市的麥克．魏登所提出來的。

麥克．魏登是蜆牌石油公司的一名地區推銷員。麥克希望成為他所屬區域裡業績第一名的地區推銷員。但是有處加油站卻使他的努力受到影響。這處加油站由一名老人擔任經理。麥克想盡辦法仍不能使這名老人保持這處加油站的清潔，因此汽油銷售量大為降低。

不論麥克怎樣請求改進加油站的清潔，這位老人就是不理會，經過多次勸導和誠懇地談話卻沒有效果之後，麥克決定邀請這位經理去看看他區內最新的一處蜆牌加油站。

這位經理對新加油站的設施印象深刻，而當麥克下一次去看他的時候，他的加油站已經清潔乾淨，而且銷售量已經增加。這使麥克達到了成為他所屬區域內業績第一名的目標。

他過去的談話和討論都沒有收到效果，因為沒有引起這位經理的興趣，邀請那位經理去參觀了現代加油站之後，卻激起了那位經理內心迫切渴望的需要，他達到了他的目標，而那位經理和麥克都得到了好處。

四 適時地表現自己的專長

卡內基認為，一個人要想在事業上有所作為，廣闊的交際網是必不可少的手段之一，然而如果要想建立交際網，就要靠自己的專長了。

有些人絲毫不衡量自己的能力就想謀得管理者的職位，不論是什麼職務都可以，只要做「官」就好。這種人可說是既沒節操又沒有責任感。任何國家的政壇如果充斥著這樣的政客，那就不只是這些人讓人瞧不起，這個國家的政務也必定雜亂無章。

在政客的世界裡，或許無知的人也可以擔任要職；但在競爭激烈的商界，唯有實力派的人才能得到地位。因此，要在激烈競爭之下出人頭地，就必須要有自己的專長，也就是高度的專業知識。

業務員具有一般的業務常識，這並沒有什麼值得炫耀的，因為這是他的本分。你是否能夠成為自己這一行之中的佼佼者，就看你是不是具有比他人更豐富的專業知識。

H君是位廣告代理商的員工，他只有高中文憑又沒有其他特長，在廣告公司裡並不特別出色。當H君的公司剛開始引進電腦的時候，公司召開了幹部會議。

使用電腦的常識在今天來說已經是人盡皆知的基本知識，但在當時幾乎沒有幾個人瞭解其中的奧妙。

雖然在會議中電腦供應商已經非常詳細地教授了大家，但由於這些管理階層的幹部大多是文科畢業，聽了也是一知半解。最後，輪到了H君發表意見，H君的意見非常具有深度，讓大家都大吃了一驚。H君所發表的意見連理工科畢業的技師都自歎弗如。

結果，H君被拔擢升至電腦工作室的主管。如今，H君依然在這個崗位上表現得非常出色。H君在身為業務員時就已經預測到有一天電腦會流行，所以私底下吸收了許多這一方面的知識。

所謂專長指的就是這個。暗藏實力而讓大家覺得你具有不容忽視的能力，這樣才能得到別人的尊敬與信賴，也才能拓展自己的交際範圍。

第六課：塑造自身形象的法則

交際並不是說到就做到，捨外型談交際就好像說樹上的果子好吃，卻不爬樹也不架雲梯一樣。

一 如何塑造外型

良好的外形是美好的心靈的反映，一位心靈美好、思維敏捷的女子總能在外型上給人以舒適的感覺，不然何來秀外慧中一詞呢？

有人會有異議：「外型哪會成為問題，交際的內容最要緊。」交際的內容的確重要，但是交際並不是說到就做到，捨外型談交際就好像說樹上的果子好吃，卻不爬樹也不架雲梯一樣。

你看見一個成年人穿一條牛仔褲，你會有輕佻的印象麼？你看某人穿的長褲褲管中間沒有一條線，你會有「不好看」之感？如果你的答覆都是肯定的，那麼你就不能不正視現實。留意你的服裝，這並不是叫你穿上最流行的、最時髦的服裝，只是請你穿得整齊、整潔，至於衣服是新是舊品牌是好是壞，都不成問題。

現在有大量的公司對所屬的雇員的裝扮都有「規定」，所謂規定自然不是指一定要穿成怎麼好看或指定衣料，而是觀感和水準。

專家所著的書中，提出交際的服飾應注意的六點如下：一、鞋擦過了沒有？二、褲管有沒有中線？三、襯衫的扣子統統釦了沒有？四、鬍子剃了沒有？五、頭髮梳好了沒有？六、衣服的縐紋是否注意到？

泰國有一家保險公司的外勤人員向公司報告，當他們向農民進行勸說工作時，穿著整齊的比穿著不好的在生意成績上超出很多，可見農民們本身雖然穿著不好，但對穿著整齊的人，總是較有信賴感的。

所以，不要過分嘲笑「先敬羅衣後敬人」這種社會風習。我們進行應酬時，應該重視一下現實，要推己及人，不然的話，便要遭受一些不必要的失敗。

二　注重自我形象

心理醫生福爾曼說：「你要推銷的第一個對象是你自己。你越練習好像越對自己很有信心，就越能造成一種你很棒的氣氛。你必須感受到，你有權呼吸，佔據一個空間，感覺很自在。」你的態度完全反應在你的舉手投足之間。

一個感到自在的人，就會坐在整個椅面上，而不是只坐在邊緣上。如果他個子很高，他就不會縮著脖子。自我推銷與可信程度之間的關係，遠超過任何你要推出的產品或觀念。你必須有辦法直直地盯住對方的眼睛，使他相信你是一個可靠的人。

在你小時候，母親可能已給了你第一個忠告：保持你自己的本色。這一種推銷的方式，在你小時候可能會很有效用。但是商業界，你那種親友們都喜歡的本色，可能就令人不好接受了。

「保持自己的本色可能會令人討厭，」派特．華納說，他是一家廣告公司的總裁，「我們最好的朋友通常是那些對我們吐露心語，而且我們可以表達任何意見的人。但是，這種公開的交換意見，在一般情形下，並不是陌生人之間的正確行為。」

在做自我推銷的時候，我們的外表非常重要，而且永遠不可忽視。「如果你有一張大大的面孔，五官至少有一處非常醒目，對你很有好處……詹森總統的大耳朵就是個例子。」柯爾達在他的著作《權力》中說。

許多調查顯示，體型高大瘦瘠削的人，幾乎總是變成國際電信電話公司的總裁。這並不是說，如果你是個矮胖的人，就應該送到一個荒島上去。自我推銷時對你的外表要格外注意，要充分利用你的優點，上高級理髮店，減肥，熨西裝，盡一切辦法變成一個別人喜歡和你在一起的那種人。

做推銷時，有時候你必須盯著對方看。如果對方要買的是一種名牌產品，他通常喜歡推銷員特別強調高級產品帶給人高級身份的感覺；如果推銷員戴的是高級手錶，穿的是名貴皮鞋，就會給對方一種買到名貴物品的印象。這些人喜歡聞到堆在四周的鈔票味道。

但有時候這種海派的作風只會收到相反的效果。有些人不喜歡這種珠光寶氣的感覺，因為他們會覺得自己花了太多的錢去維持推銷員的穿戴，所以產品一定貴得很。對這些顧客，保守的服飾比較適宜。

在做自我推銷時，你的外表同樣應該隨著對象的不同而有所變化。

三 優雅的舉止能夠改善人際關係

卡內基說，舉止優雅的人，他人都會喜歡；而傲慢無禮的人將會沒有一個朋友。

大家肯定聽說過這個寓言故事：「你希望擁有像我一樣強大的力量嗎？」北風問南風，「為什麼當我啟動的時候，人們卻以向海岸沿岸發出風暴警告的方式來歡迎我？我擰斷航船的桅桿就像你吹走蘆花的冠毛一樣容易。只要我的翅膀輕輕一扇，就可以在從拉布拉多到好望角的海岸上遍撒破碎的船隻碎片。

我可以攪起，也經常攪起大西洋裡的海水。我給所有的病人和殘疾人帶來恐懼。為了抵禦我帶來的刺骨寒風，人們砍倒森林取火，並且為了給爐子提供燃料而開採大陸上的煤礦。在我的勢力範圍，所有的國家都只能在墳墓裡掙扎。你就不想擁有我如此強大的力量嗎？」南風沒有做出回答，卻從天空中飄走了。所有的河流、湖泊和海洋，所有的森林、田野和人們都微笑著歡迎它的到來。

花園裡的花朵都盛開了，果園裡的果實都成熟了，銀色的麥田都變成了金色，如絮的白雲飄向高高的天空，鳥兒展開翅膀飛走，船隻揚起白帆遠航，健康和幸福降臨於世界各地。

綠葉、花朵、果實和收穫，溫暖、光明、歡樂、美麗和生命就是南風對驕傲自大但是無情的北風提出的傲慢無禮的問題做出的回答。

傳說有一次，維多利亞女王用一種專斷的口吻對她的丈夫談話。艾伯特親王的自尊被她的話語刺傷了，他回到自己的臥室並關上了門，反鎖上，想獨自安靜地待一會兒。過了幾分鐘，有人敲門。

「是誰在敲門？」親王問道。

「是我。快給英國女王開門。」女王陛下傲慢地答道，沒有人回應她。隔了很長時間，傳來了一陣溫柔的敲門聲：「是我，維多利亞，你的妻子。」這時門開了。

人們不能不認為上帝是美好事物的熱愛者，祂把美麗和光榮的外衣披到了祂所有的作品上。

每一朵鮮花都鮮豔，每一片田野都被美麗的披風所覆蓋，每一顆星星都被光芒所掩蓋，每一隻鳥兒都身披最有品味、最精致的外衣。

我們的言行舉止和我們的品質在人際交往中總要受到人們的監督。每一次我們走入社會，都必須進入其他人的視野裡，我們最近的是非得失也都會被人注意到。每一個人都在內心裡問自己：「這個人是會升職還是降職呢？他已經跨越了多少等級了？」

所以，為了和人們友好相處，我們在改善言行舉止的同時，也要注意品格的修養。如果說優雅的舉止可給我們帶來良好的人際關係，那麼，高尚的品格將會讓人人都喜歡你。我們應該努力做到內外兼修。

第七課：展現語言魅力的法則

事實上，沒有任何別的東西可以像良好的談話能力那樣使別人，尤其是使那些對我們瞭解甚少的陌生人，對我們產生美好的印象。

一　言談是交際的鑰匙

卡內基說，將自己的熱忱與經驗融入談話中，是打動人的簡速方法，也是必然要件。如果你對自己的話不感興趣，又怎能期望他人感動。

事實上，沒有任何別的東西可以像良好的談話能力那樣使別人，尤其是使那些對我們瞭解甚少的陌生人，對我們產生美好的印象。

成為一個好的健談者，運用你在交流溝通方面非同一般的技能，就能夠引起別人的興趣，吸引他們的注意力，並自然地使他們聚集到你的周圍。這是一種非常重要的技能，其重要性無可比擬。它不但可以令你在陌生人心目中留下美好的第一印象，同時也可以幫助你廣交朋友，擴展友誼。

它打開了人與人之間溝通的大門，使彼此的心靈變得親近。它可以使你在各種各樣的人群中廣受歡迎，使得你能與別人融洽相處，在社會交往中如魚得水。

如果你擁有這樣一種非同尋常的本領，那麼生意自然會源源而來。即便你在物質上一貧如洗，只要有良好的交談能力作支撐，你照樣可以擁有廣大的人脈。

不管你在其他藝術或技能方面的專業造詣有多高，達到怎樣一種爐火純青的地步，但你肯定不可能像運用談話技術一樣隨時隨地表現專業才能。如果你是一個音樂家，不管你的音樂天賦是如何了得，不管你花費了多少年的時間來提高自己的演奏技巧，也不管你耗費了多少金錢，卻只有相對很少的一部分人可能聽到或欣賞你的音樂。

事實上，你可能擁有很多人只是偶爾看到或欣賞到的技藝，你可能有一個美麗溫馨的家，有許許多多的財產，但是，所有的這些都只有相對極少的一部分人瞭解；然而，如果你是一個健談者，那麼任何一個與你交談過的人都將強烈地領略到你的談話藝術，並感受到你的魅力和影響力。

在現實生活中，有相當多的成功人士在很大程度上把自己的成就歸功於出色的談話能力。這種能力是一種巨大的力量，能讓你在談話過程中引起別人的興趣並牢牢抓住他們的注意力。相反的，那些在談話過程中結結巴巴、語無倫次的人，那些儘管清楚地知道一件事情，卻無法以富有邏輯性的、饒有興趣的和簡潔有力的語言將它表達出來的人，總是處於極其不利的地位。

卡內基所認識的一個商人，其談話藝術幾乎修練到了爐火純青的地步，以至於聽他說話稱得上是一種很大的享受。他的話語極其流暢優美，就像山間清澈的小溪潺潺流過；他的每一個用詞彷彿都是精心挑選的，力求精緻、高雅、準確；他的措辭造句更是文雅細緻。

所以，當他開始談話時，他的魅力往往會迷倒任何一個在場聽他說話的人。那麼，他談話成功的祕密在哪裡呢？終其一生，那個人都在孜孜不倦地閱讀精美的散文和詩歌，並因此培養了高明的談話藝術。

不管未經加工的鑽石實際上是如何的貴重，但在它經過精雕細琢之前，是沒有人能認識到它的真正價值的，即便是再多的解釋、再多的描繪也無濟於事。只有在經過雕琢和打磨之後，在它發出璀璨奪目的光華之後，人們才會真正把握住珍寶。談話對於一個人的意義，正如鑽石的雕琢對於一塊石頭的意義一樣。

所謂玉不琢，不成器，而人不透過談話表現自己，外人同樣很難瞭解他的深刻內涵。雕琢的過程本身並不會給鑽石增加任何內容，它所發揮的作用僅僅是把它內斂的光華展示出來。

我們都知道，在一個人盡力向別人展示自己之前，沒有人確切地知道他身上到底擁有什麼潛質。只有在我們和他人交流溝通時，我們才會全神貫注，我們的感覺才會變得靈敏細緻。

每一個擅長談話的人在和一個以前素未謀面的陌生人交談時，往往都會感到對方在他身上注入了一種巨大的力量，因為後者經常會激勵或鼓舞他追求全新的奮鬥目標。

思想與思想之間的碰撞、心靈與心靈之間的溝通經常會產生耀眼的火花和全

新的力量，正如把兩種化學物質混合在一起會生成第三種物質一樣。

溝通能夠贏得勝機

成事者都非常明白：人都生活在社會群體中，而人際關係就成了你與社會交往的一條樞紐。

可是人際關係並不是一日之間就可以建立起來的，而需要你去長期經營。之所以會如此，是因為好的人際關係需要時間來瞭解，再從瞭解到信賴，而這個過程短則一年半載，長則七、八年，甚至十年、二十年！兩三天就「一拍即合」的人際關係往往是利益上的關係，基礎很脆弱，這並不是好的人際關係，它帶給你的有時甚至是毀滅性的打擊！

所以，你建立的應該是一種經得起考驗的人際關係，而不是速成的人際關係。

成功者都懂得人際溝通的技巧。成功者都非常珍視人際溝通的能力。

美國石油大王洛克菲勒說：「假如人際溝通的能力也是如同糖或咖啡一樣的商品的話，我願付出比太陽之下任何東西更高的代價購買這種能力。」由此可見人際溝通能力在他心目中的地位。

在現代社會裡，不善於人際溝通，便會失去許多合作的機會；而沒有合作，單靠一個人或少部分人的努力，是不會有真正的成功的。

艾科卡是美國最著名的企業家之一，曾在美國民意測驗中當選為「美國最佳企業主管」。他曾經擔任美國福特汽車公司的總經理，後來卻在另一家汽車公司克萊斯勒公司瀕臨倒閉時，就任克萊斯勒公司的總裁。

「受命於危難之際」的艾科卡是怎樣拯救這家奄奄一息的公司，從而創造出為人們所津津樂道的「艾科卡神話」的呢？他的法寶之一就是人際溝通。

當時的克萊斯勒公司產品品質不高，債臺高築，求貸無門，人浮於事，「就像一隻漏水的船 在波濤洶湧的洋面上漸漸下沈」。

艾科卡明白，要東山再起，重振企業，除了首先在內部大刀闊斧地改革，提高員工的士氣外，必須儘快開發新型轎車，重新參與市場競爭，除此之外沒有第二條路可走，可是當時大大小小的銀行無一家肯貸款給他的公司。嚴酷的現實迫使艾科卡向政府求援，希望得到政府的擔保，以便從銀行貸到十億美元的貸款。

消息傳出後，在社會各界引起了軒然大波。原來，美國企業界有條不成文的規矩，認為依靠政府的幫助來發展企業，是不符合自由競爭原則的。

面對眼前困境，艾科卡既沒有洩氣，也沒有抱怨，他知道溝通比抱怨更重要。他每天工作十二至十六小時，奔走於全國各地，到處演講遊說；同時，又不惜重金雇請說客，遊說於國會內外，活動於政府各部門之間，同他互相呼應。

在演講中，他援引史實，有根有據地向企業界說明，以前的洛克希德公司、華盛頓地鐵公司和全美五大鋼鐵公司都先後得到過政府的擔保，貸款總額高達四千零九十七億美元。克萊斯勒公司在瀕臨倒閉之際請政府擔保，僅僅是為了申請十億美元的貸款，本來是不該引起人們非議的。

接著，他又向新聞輿論界大聲疾呼：挽救克萊斯勒正是為了維護美國的自由企業制度，保證市場的公平競爭。北美總共只有通用、福特和克萊斯勒三大汽車公司，如果因克萊斯勒破產而僅剩兩家，形成市場壟斷局面，那還有什麼自由競爭可言？

艾科卡還為每一個國會議員開出一張詳細的清單，上面列有該議員所在選區內所有同克萊斯勒公司有經濟來往的代銷商和供應商的名字，並附有一份一旦公司倒閉將會在該選區內產生什麼樣後果的分析報告。

他暗示這些議員，如果因公司倒閉而剝奪你的選民的工作機會的話，對你的仕途是不會有什麼好結果的。

艾科卡的公共關係戰略終於獲得了成功，企業界、新聞界、國會議員都不再反對擔保，美國政府也開始採取積極合作的態度。他終於得到了用於開發新型轎車的十億美元的貸款。

三年後，克萊斯勒公司開始轉虧為盈，第四年便獲得九億多美元的利潤，創造了這家公司有史以來最好的經營紀錄。

艾科卡的成功經歷告訴我們，溝通是何其重要。

三 領導者的語言藝術

卡內基曾和美國最著名的傳記作家塔貝爾小姐一起吃飯。卡內基告訴她自己在寫一本書，於是他們開始討論〈如何為人處世〉這個重要的題目。塔貝爾說，在她為歐文寫傳記的時候，她訪問了一個跟歐文先生在同一間辦公室工作了三年的一個人。

這人宣稱，在那段時間內，他從來沒聽見過歐文向任何人下過一次直接命令。他總是建議，而不是命令。

例如，歐文從來不說「做這個做那個」，或是「不要做這個不要做那個」。他總是說，「你可以考慮這個」，或「你認為，這樣做可以嗎？」在檢查他某位助手所寫的信時，他總是說：「也許我們把這句話改成這樣會比較好一點。」他總是給別人自己動手的機會，他從不告訴他的助手如何去做事，而讓他們自己去做，讓他們從自己的錯誤中學習。

約翰內斯堡一家小工廠的經理麥克先生有機會接了一張大訂單，但他相信他的工廠沒有辦法趕上出貨期。早先接手的訂單已在工廠排滿，而這張訂單所要求的完成時間，短得使他認為不大可能。但他認為這是難得的機會，於是，他決定徵求廠裡員工的意見。

他並沒有催員工加速工作趕這訂單，他召集了大家，對員工解釋這個情形，並對他們說，假如能準時趕出這張訂單，對員工和公司的意義會有多大。

「我們有什麼辦法來完成這張訂單？」

「有沒有人有別的辦法來處理它，使我們能接這張訂單？」

他把問題提了出來，表示要與大家商量。

員工們見他很誠懇，提供了許多意見，堅持要他接下這張訂單。最終，他們用一種「我們能夠辦到」的態度接了這張訂單，並且如期交貨。

是的，領導者具有權威，但你也不要忘了，包括你在內，恐怕都不喜歡聽那些冷冰冰的命令。如果你能在工作中，多用一種「建議」或「商量」的口吻，比直接下命令，效果可能會更好。

韓克是印第安那州洛威一家卡車經銷商的服務經理，他公司有一個工人，工作每況愈下，但韓克沒有對他吼或威脅開除他，而是把他叫到辦公室，跟他坦誠地交談。

他說：「比爾，你是很棒的技工，在這條生產線上工作了這麼多年，你修的車子也都令顧客滿意，其實，有很多人都讚美你的技術好。可是最近，你完成一件工作的時間卻加長了，而且品質也比不上你以前的了，是什麼原因使你這樣的呢？有什麼別的困難嗎？如果有，你盡量提出來，大家會幫你的。」

好。

比爾回答了他的問題，並承認是自己這段時間沒好好做，以後他保證會做好。

從此，比爾更加嚴格要求自己。

第二卷　處世的藝術

第一課：為人處世要認清自我

年輕人喜歡將抓住的任何東西都不放手，而沒有人會在意自己和別人的經驗和教訓。

一 人貴有自知之明

你要善於認識自己和瞭解自己，你要努力去瞭解有關自己的一切，不論是能力、性格、判斷力和情緒，你都要好好瞭解。如果你不能很好地瞭解自己，你就無法把握自己，更談不上駕馭事物了。

鏡子可以照出一個人的容顏，而能夠照出自己的靈魂的只有自己的反省能力了。當你過分關注自己的外部形象時，你還應去好好關注自己靈魂的相貌，試著去改進和提高它吧，它比什麼對於你都更加重要。

為了待人接物恰如其分，你應做到謹慎和明智。自省可以讓你明白你會如何應付突如其來的挑戰，清點你所具有的資源，能夠讓你好好地利用它們，探測你內在的深度，可以讓你看到自己進取的目標。

二 不斷提升你自己

就如在火中涅槃的鳳凰，你應該不斷提升自己，不斷更新自己。可能你也有優秀的地方，你也曾經獲得過巨大的榮譽，但是這一切都會過去。當一切都成為平常的話，我們曾經取得的輝煌也就無法讓我們驕傲了。

所以，我們必須與時俱進，不論是你的勇氣、知識，還是其他的東西，你都要更新，這樣許多你無法控制的東西，如運氣和機遇也會更新。

另外，這還有利於煥發出你潛藏的才能，就如每天升起的太陽一樣，每天都是新的，每天都用自己燦爛的光環普照大地，讓萬物煥然一新。

如果你保留著你的才華，那麼你就會被別人遺忘；如果你展示出你的才華，人們會為你歡呼，讓你更加富有自信。

三 讓自己變得有修養

只有具有高深修養的人，才能稱得上是真正高貴的人。如果你的修養越高，你的人格就會越高貴。無知就是粗魯和野蠻的同義詞，只有知識才能增加一個人的修養。聰明才智也需要進行修練，否則它本身也過於粗糙。我們的理解力，還有我們的理想和願望、言談舉止都需要精益求精地提升。

有些人彷彿就是天生的貴族，他們不論內在的思想還是外在的秉賦都具備一種璞玉美質，他們渾然統一地表現出自己的卓越和斯文，不論從服飾上，還是在言談和為人處世上，他們都顯示出自己的儒雅風範。

而有些人粗俗不堪，他們野蠻兇殘的行徑，玷污了他們周圍的一切，甚至掩蓋了他們身上天生具有的美好素質。

四 別過分展示你的完美

當人人都盯著一件東西的時候，自然就會得到因它而產生的煩惱。什麼用處都沒有的東西，自然是一件不好的東西；而對誰都有用的東西，卻是一件更壞的東西。

有些人的失敗是因為他們事事獲勝，對於他們的勝利，人們可以因此看重他們，也可以因此對他們不屑。正如撲克牌中的百搭（百搭在撲克牌中可以代替任何牌），在任何完美的事物中都可以看到它們，但是它們在其中也不過只代表了一張非常普通的牌。

如果你失去了昔日獨一無二的聲名，那麼就成為了一個被人忽視的普通人。

如果一個人極端地顯示自己樣樣在行，那麼只有這樣可以補救：就是在展示自己的才能的時候遵循中庸的原則。你可以竭盡全力地去追求完美，但是你不要過分展示你的完美。

正如熊熊燃燒的火把，燃燒得最亮的那一支往往最先燒完。如果想要得到真正的榮譽，那麼你就要善於韜光養晦，不露聲色地取得你想要的一切。

五 應該讓自己富有見識

聰明的人往往具有共同的特徵：見多識廣、知識廣博、富有學識和經驗。他們並不是學究和書呆子，他們所擁有的知識也不是刻板無用的瑣碎知識，而是有利於做實際事情的真實的指示。這樣富有見識的人往往舉止豪爽，言談幽默，妙語連珠，而且恰到好處。

他們在談笑中給人的教益往往勝過鄭重的說教。在言談舉止中表現出來的智慧往往讓人受益無窮，甚至勝過了現在歐洲開始的七種教育課程（語法、修辭、邏輯、算術、幾何、音樂和天文學），不論這七種教育課程多麼科學。

六 明確地表達自己的思想和意見

在表達自己的思想的時候，應該清楚明確，而且從容自然。有些人表達自己的意見時如同孕婦難產，本來具有很好的想法，但就是不能清楚明白地表達出來。

如果不能做到清楚準確地表達，那麼再好的思想也是枉然，而且你的勇氣和決心別人也無法明白。有些人如同盛酒的罈子，裝進去的很多，倒出來的卻很少。有些人特別嘵舌，他們談起話來就滔滔不絕，遠遠勝過他們真實的情感。決心是意志的表現，而合乎邏輯的思維是理性的表現。這二者都非常重要。

具有清晰思維的人常常受到人們的讚揚，而思路混亂的人卻往往受到別人更高的尊敬，因為他們讓人摸不著頭腦，所以顯得高深莫測。所以有時候晦澀未必不是一件好事，這可以顯得與眾不同，特別是不同於流俗。但是，如果你不能表達清楚，又怎麼能夠讓人真正明白你的思維和想法呢？

七 實實在在做人

如果你本性淳厚，做事求實，你就會覺得那些浮華虛誇毫無意義和作用。如果一個人才華橫溢，卻養成了追求浮華虛誇的品格，實在是很大的不幸。許多人看似非常實在，其實不然，本質上如此總比看上去如此的人要少。

很多騙子喜歡做出各種表現，他們花樣百出，被內心虛妄的幻想所迷惑，他們追逐很多不確定的東西，卻不肯要稀少的能夠把握的實在物質，他們實在是過於聰明了！

雖然他們的腦子裡充滿了虛妄的幻像，但是他們缺乏真正的想像力。他們無法保持連貫的思想和想像，他們目光短淺，急功近利。

實實在在的東西才對人們有益，只有真理才能給人帶來榮譽。如果說了一個謊言，就需要更多的謊言來支撐它，用不了多長時間，這個可怕的空中樓閣就會傾倒。沒有根基的東西是不會長久的，對這種東西的許諾會引起別人的懷疑，為它們的辯護只會更加讓人懷疑，最後使人們對它們敬而遠之。

八 別做出頭鳥

凡事不要冒冒失失地出頭，這可以讓你避免受到惡人的傷害。這個準則是一條有效的辦法。你不應該讓自己成為目標，而要善於隱藏和保護自己。讓別人去出頭吧，他們會承擔別人對於他們的責難，他們也會承受所有的流言蜚語。

不做出頭鳥不是無能，而是明智。不可能每一件事情都那麼如意，你也不可能讓人人都對你滿意，所以做人最好低調一些。

九　要善於認清自己的強項

一個人應該花費最大的力氣來考慮最重要的事情。愚蠢的人不知道應該做些什麼，結果什麼都沒有獲得，白白到這個世界上走了一遭。之所以一事無成，是因為他們根本不考慮自己的優勢和特長，也不考慮自己平日行為不檢點所受到的傷害，他們更不知道什麼是勤奮和上進。

許多人只知道回顧從前的往事，生活在回憶之中，或者斤斤計較於瑣屑之事，對於重大的事情反而不管不問。

還有一些人從來沒有丟棄過自己的頭腦中的往事或瑣碎之事，因此，他們從未改變。對於有些事情，我們需要仔細思量，讓這些事情成為我們內心最重要的內容。

有智慧的人善於考慮人生的形式，他們認真地探究那些特別深奧的、難以把握的事物，甚至去考慮哪些是他們沒有能力解決的問題和事物。他們的思考能力讓他們走到了前面。

第二課：為人處世要寬容忍耐

你應該有隨和寬容的心胸，可以讓人們調侃你，開你的玩笑，但是你不要對人不敬，不要隨便開別人的玩笑，因為對方未必能夠做到這一點。

一 待人寬厚真誠

如果你能贏得整個世界的讚美，這的確是人生的成功，但是更重要的是應該獲得別人的真誠和愛心，獲得大家的喜愛和照顧。雖然這要看每個人的造化，但是一個人是否誠懇也很重要。

天分和稟賦只是第一個條件，它可以在開始給人很好的印象，但是後來就要看一個人的為人處世的能力了。所以說只是天資聰穎還是不夠的。有人認為只要有一個好的名聲就可以獲得別人真誠的擁護和愛戴，其實並不夠。

另外你還要常常與人為善，樂於幫助別人。語言上要注意做到溫文儒雅，而行動上更要做到對他人充滿真誠的關愛。想要獲得別人的愛，那麼你一定也要愛別人，否則你就算獲得了別人的感情，也不會長久。古代的貴族們非常慷慨大方，他們不僅在言談舉止上大方慷慨，而且在行動上也是如此，他們就是靠著這種方式而獲得很多人對他們的忠誠和擁戴的。

建功立業的人往往因其功業得到人民的擁戴，讓人民永遠銘記於心；而能夠獲得作家和詩人的尊敬，這個人同樣也可以留芳百世。

二 寬容地對待世間萬物

一切智慧都源於生命的初始；言語產生於一個人的誕生之時，善行始於靈魂成形之際；智慧、言語、善行是一個人高尚的稟賦。然而這些品質不過是人的與生俱來的德行的點綴，沒有什麼特別。

在人的德性中最崇高的可以說是寬容了，它為圓滿德性增色不少，有時，這甚至比思想更神奇絕妙。寬容發自人的本性，不需要刻意地追求、尋找，但它是為人處世之道的最高深的經典。如果一個人能夠做到寬容，他的奔跑速度可能會比善跑的人，甚至是飛毛腿還要快。對人寬容會使我們更加自信，使自己更加接近成功。

如果一個人做不到寬容，即使是最美麗的女子也會缺乏吸引人的魅力，一個人所取得的成就會因他沒有寬容而變成一種恥辱。寬容位於美好的品德、敏銳的判斷力、高貴的尊言之上。

如果一個人想要找一條成功的捷徑，他就要學會寬容；如果想避免陷入困境，最好也要學會寬容。

三 永遠不要怨天尤人

如果你發出怨恨的聲音，那麼別人就會因此看低你的力量。怨恨不同於同情和安慰，它只會帶來別人的憤怒和失禮。而聽到你發出怨恨的聲音的人，可能也會像你抱怨的那樣。

如果你不停地抱怨，因此透露了你的祕密，你會收到意想不到的侮辱，而這在別人看來卻不算什麼。有些人就是因為抱怨過去所受到的侮辱，而受到更多的侮辱。

對於同一件事情，每一個人都有不同的理解，況且這些事情並沒有發生在他們身上。而發出抱怨的人，原來不過想得到一些安慰和幫助而已，而聽到他的抱怨的人卻只是感到滿足和輕蔑。最好的辦法就是不要抱怨，不要怨天尤人，而是誇獎別人給予你的禮遇，以鼓勵他們做出正面的反應。

當你對人訴說別人如何對待你不公的時候，往往是在告訴對方也可以這樣做。聰明的人從來不說自己所受到的無禮的待遇，而只講述自己所受到的尊敬，這樣他們會得到更多的朋友，而和他作對的人卻大大減少了。

四 學會忍受一切

天資聰穎的人往往非常尖刻，或許他們滿腹的學識已經消磨殆盡他們待人的耐心和寬厚。如果一個人學富五車，那麼讓他喜歡你簡直是癡心妄想。古希臘哲學家艾比克泰德認為，生活中最重要的一條原則就是能夠忍受一切。

為了能夠做到這一點，他將自己的才智祛除了一半。而最讓人難以容忍的應該是愚蠢了。和蠢笨的人在一起，需要你具備更多的耐心。

有時候，那些我們最信賴的人卻給我們帶來最大的痛苦，但是這將有助於我們提高自身的修養，戰勝自己。對平庸的忍耐可以讓我們養成平和的心態，這是我們最珍貴的財富，它能給你帶來幸福。

如果一個人無法容忍他人和周圍的世界，那麼他至少應該學會容忍自己，但是很可能他們連這點也無法做到。

五 坦然面對他人的敵意和嫉妒

出色的人免不了受到他人的嫉妒，甚至會對你心懷敵意，有些人對別人的嫉妒和敵意情緒激動、表現失態，這不是好的表現。對於嫉妒和敵意應該坦然、毫不在意地面對，這會給你很多的好處。

一個人應該養成廣博的心胸，這會成就你的一生。當別人誹謗你的時候，你應該以德報怨、以直抱怨。別人說你的壞話，你應說他的好話。這種品德特別值得人們讚美。這是富有智慧和才德的表現。

如此，謠言和毀謗也會不攻自破。你的每一次成功都是對那些希望你倒楣的人的沈重打擊。你的榮譽成為折磨他們的煉獄。讓自己取得更多的成績，這是對那些對你懷有敵意和嫉妒的人的最好的懲罰。

善於嫉妒的人心胸狹窄，他們會因為你的成功而無法得到心理的安寧。你取得的榮譽和成績可能會殺死他們。遭受到別人誹謗的人美譽滿身、青史留名，這是對嫉妒他人的人永遠的懲罰。這樣你會永遠生活在榮耀之中，而誹謗嫉妒你的人卻會一直遭受到自我的懲罰，他的內心深處充滿了嫉妒和仇恨的感情，永遠也無法獲得安寧。

六 心態平和寬容可以延年益壽

我們不是獨自生活在這個世界上，還有許多人和我們一樣生活著，很多時候，我們應該考慮自己的同伴和他人的生活。

具有平和寬容心態的人不僅僅生活在這個世界上，而且還在洞察著這個世界上發生的一切，他們關注著周圍和世界上的大大小小的事情，儘管他們保持著沈默。辛勤勞作，沒有和人發生爭鬥的一天，意味著晚上能夠好好地休憩。

讓自己的生活充滿樂趣，並保持長久，勝過很多人重新活一次。只有心態平和、心胸寬廣的人才能這樣生活。如果你不把庸俗無聊的事情放在身上，你就能夠獲得一切，沒有什麼比過於較真這種行為更加愚蠢的了。讓自己被與自己無關的事情傷害，與被自己有關的事情傷害，是一樣的愚蠢。

七 隨和寬容，但是不要對人不敬

你應該有隨和寬容的心胸，可以讓人們調侃你，開你的玩笑，但是你不要對人不敬，不要隨便開別人的玩笑，因為對方未必能夠做到這一點。如果你能做到隨和寬容，就會給人慷慨大方的印象，如果你隨便開別人的玩笑，小心會給你帶來禍患。如果在社交場合碰到一個不懂幽默的人，就如同碰到一頭黑熊一般。

動聽的笑話讓人放鬆，但是只有天才才能欣賞這種幽默。如果你對別人的調侃生氣，那麼還有可能遭到他人的調侃和嘲笑。不要擔心，你還有很多機會讓自己不再被人笑話，而不是在當時立刻發作。

幽默需要非常高的水準和技巧，因為一個小笑話往往會引發非常嚴重的問題。所以你在表現自己幽默的天才的時候，一定要注意別人有多大的承受能力。

第三課：為人處世要善交朋友

如果人生沒有幾個好朋友，那麼就如同置身於大漠之中。友誼可以幫助你擺脫厄運，可以幫助你提升靈魂，朋友能夠和你產生心靈的共鳴，實在是不可多得。

一　學會和朋友相處

選擇朋友是一門藝術，而如何與朋友相處，同樣是一門高深的藝術。朋友不僅能夠帶來友誼，也能給你帶來很多幫助。要想很好地發揮朋友的功用，需要具有不少技巧和判斷力。有些人必須在多多接近後才能給你帶來益處，而有些人則要保持一定的距離，才能對你更有好處，天天在一起反而沒有好處。

譬如不善言談的人卻可能擅長寫信。保持一定的距離能避免很多相處時難以容忍的毛病。不僅要和朋友共同尋找快樂和放鬆，也要讓朋友給你帶來切實的幫助，而且這也是真正的朋友所樂意做的。

純潔的友誼是真誠和善意的，而且沒有欺騙，表裡如一。極少有人能擁有真正的好朋友，因為認識好朋友的機會太少。如果你不懂得如何挑選朋友的話，你就更難擁有優秀的朋友了。

老朋友勝過新相識，所以我們要珍惜我們昔日的友誼。但是有時一面之交的人，也有可能成為你終生的好友。那些具有豐富的學識、明白人情世故的人，又樂意把人生的經驗和你分享的人，可以成為你最好的朋友。

如果人生沒有幾個好朋友，那麼就如同置身於大漠之中。友誼可以幫助你擺脫厄運，可以幫助你提升靈魂，朋友能夠和你產生心靈的共鳴，實在是不可多得。

二　學會向朋友學習

要讓你的朋友成為你的良師，要讓你的社會交往活動成為你的課堂。你需要學會成為一個好學的人，時刻從你的朋友身上學習他們的長處和經驗。一個人的交際需要進行選擇，應該選擇那些優秀的、品德高尚的人作為朋友，然後和他們打成一片。在潛移默化中，你就變成了一個與以前很不一樣的人。

和優秀的人交往，你所傾訴的心曲，能夠得到熱情的回應，你也能夠得到有益的指導。而且，你所聽到的都是有用的知識。有很多人是憑藉自己淵博的學識和很高的修養來得到巨大的聲名的。與這樣的人交往，你就彷彿進入了一個歷史悠久的高等學府，你從中可以得到非凡的智慧，找到人生的真諦。

三　如何選擇朋友

要謹慎地選擇你的朋友，你的人生可能會因此而成功。你要仔細地考察他們，考察他們的能力、意志、理解力、判斷力以及直覺，甚至看他們是否能獲得好的運氣。很少有人慎重地選擇自己的朋友，雖然這並不是一件小事情。

很多人對於朋友都不以為意。大部分友誼都是在偶然中產生的。我們可以根據一個人結交的朋友來判斷一個人的人品和為人。物以類聚，人以群分，聰明的人從來不和愚蠢的人在一起。你和某人在一起的時候感覺到了快樂，並不等於他能成為你真正的朋友。

有些時候，一個人的幽默風趣讓我們喜歡，但是他的智慧並不值得我們信賴。有時候我們得到了真正的友誼，有時候的友情不過是逢場作戲。這樣偶然胡鬧產生的友誼如同逗樂，而只有真正的友誼才能給你帶來很多收穫，甚至友誼可以成就你的一生。

有時候一個朋友的忠告和觀察勝過許多人的勸誡，所以我們不能草率地選擇朋友，我們不能聽憑命運偶然把一個人推到我們面前，就把他當作知心的朋友。富有才智的朋友可以彌補我們的很多缺憾，而愚不可及的朋友只能給我們帶來麻煩。選擇朋友應該根據頭腦，而不是他們的錢袋。只有志趣相投的朋友才能長久永恒。

四 善於識別人心

千萬不要認錯了人，錯把奸詐之徒當作知心朋友或者合作的對象。等到發現自己受了欺騙的時候，就會追悔莫及。受到他人的欺騙實在是一件令人傷心而懊悔的事情。

所以我們寧願買高價的東西，也不願意買騙人的廉價貨。商人詭詐，人心難測，所以一定要事先提防。

瞭解人心和學習自然知識截然不同，人情是一種獨特的藝術，你要研究人們的性格，辨別不同的人的氣質，不僅需要學習，更需要多多經歷、體驗。這是一門獨特的藝術和學問，你要好好地學習，如同學習其他知識一樣。

五 與偉大的人物為友

世界上只有一隻鳳凰，也可能一百年才能出一位傑出的元帥，一個優異的演講家，一個聖明的帝王。偉大的人物為數不多，和你同時代的偉大人物更是少見。你一定要結識他們，和他們成為密友。

世界上到處都是庸俗之輩，他們無法獲得他人的讚譽。而卓越的人卻那麼少見，因為他們有著不凡的追求，凡事要求完美。追求的目標越高遠，目標越難以達到。

古往今來，有不少人自稱為大帝，但是他們只是效仿凱撒和亞歷山大。如果不能做到，再美的言辭都不過是一陣輕風。世界有許多畫畫的人，但是只有傑出的幾位畫家才獲得永恒的聲名。

六 多和人們交流，但是知己朋友要少而精

不要和社會的大勢以及潮流作對，或許只有蘇格拉底那樣的偉人才可以和整個社會對抗，但是他仍然逃脫不掉被毒殺的命運，或許他真的是心甘情願地接受這樣的命運。你提出不同的意見和思想，本身就是在宣告別人的判斷是不恰當的。許多人聽到與自己不同的見解的時候都感覺自己受到了侵犯。

真理往往只是掌握在少數人的手裡，這個世界上到處充滿了不完善的常識，被扭曲的真理，粗鄙而且庸俗。所以你根本無法從人們公開發表的意見中判斷誰是真正的聰明人，誰是真正的傻瓜。

因為真正的聰明人從來不在公開的場合吐露自己真實的感覺，雖然他在心中可能也在嘲笑自己。大家都在敷衍，而且裝出一副鄭重其事的樣子。

明智的人常常避免去侵犯別人，他們不給別人駁斥的機會，也不駁斥別人。

雖然他們可能一眼就看出什麼觀點很不對，但是他們會很慎重地考慮是否應該公開自己的意見。

七 學會和具有才華的人相處

具有才華的人應該具有這樣一種才能，就是要學會和才能卓異的人相處。這是一種不可忽視的能力。英雄惜英雄，這是一種奇妙的同類相吸的現象，在大自然中這樣的現象也很多。具有相同的愛好和志趣的人，往往更容易心靈相通。

平常人看到這樣的現象會感到非常的驚奇。和具有特異才華的人溝通能讓人對你刮目相看，而且還能使你獲得朋友和更多的聲譽。不需要太多的努力，我們就可以獲得很大的收穫。

同種類型的人往往會產生同樣的感受和思想，這種思想和情感上的共鳴能夠創造出奇蹟。所以，注意結交這樣的朋友，他們會給你帶來巨大的收益。

八 選優秀的人為友

你應該結交能帶給自己好運氣的人，和他們成為好朋友。

這絕對不是勢利。因為和這些品質優良的聰明人相處，你就可以自然而然地學習到他們身上的很多優點。

這早晚會給你帶來好運氣。如果你要和那些有著惡習的人在一起，那麼你會因為自身的愚蠢招來厄運。置身於這些被社會遺棄的人們中間，你會在不知不覺中被他們傳染，會和他們一樣墮落。

所以一定要關緊你的大門，不要允許哪怕一點點邪惡進來，因為如果一點點邪惡進來，更大的邪惡就會等在門外。

這正如出牌，儘管贏家手中的牌再少，他也比輸家手中的牌重要。當你心中猶豫不決的時候，你最好選擇和那些聰明謹慎的人在一起，他們會給你帶來許多益處。

第四課：為人處世要勤奮努力

在聰明無法前進的地方，勤奮卻能輕鬆地一躍而過。即使你是一個天資聰穎的人，也需要具備勤勉的精神。

一　勤奮是增加能力的關鍵

一個人若想出類拔萃，那麼他不僅需要具有相當的才幹，而且他還需要後天勤奮的努力。如果一個人能夠如此，那麼他就可以超越自我。正如俗話所說，笨鳥先飛早入林，一個人如果具備勤奮的精神，那麼他就可以彌補他的天分的不足。當一個人非常勤奮的時候，那麼他一定會有所收穫。

有很多人在做很簡單的事情的時候也無法做到專心致志，這樣的人當然也談不上做什麼大事了。這樣的人當然可以給自己找藉口，說自己天生適合從事偉大的工作。但是一屋不掃，何以掃天下？

一個人小事都不能做好，別人也無法相信他能把大事做好，重要的工作也就很難落到他的頭上。

所以不思進取的人根本沒有什麼藉口。對於一個人來說，先天的稟賦非常重要，而後天的努力更加重要，因為勤奮可以改變他的能力，而先天的稟賦卻不是人力所能左右的。

天才也需要勤奮

在聰明無法前進的地方，勤奮卻能輕鬆地一躍而過。即使你是一個天資聰穎的人，也需要具備勤勉的精神。凡事豫則立，如果你能夠做到充分的準備，那麼你就無往而不利。

愚蠢的人總是草率而匆忙地做事，他們根本沒有考慮可能遇到的困難，他們毫不謹慎的行動總無法得到滿意的結果。

有些人雖然很聰明，可是也會因為關鍵時刻的猶豫而失去垂手可得的幸福和成功。如果你能具備勤奮的個性，只要你的方向正確，不論你的天資高低，最終都會取得滿意的成績。

因為你是在扎扎實實地沿著一個方向不停地前進。有些人具備正確的判斷力，他也找到了正確的奮鬥的方向，但是因為他不夠勤勉，做事遲緩，而且毫不謹慎，常常丟三落四，不斷地犯錯誤，這樣也很難成功。

做好充分的準備能夠得到好的運氣。

所以今天的事情今天一定要完成，這樣才不會累積很多的工作，讓你情緒不好，對於未來也失去了信心。

走得慢的人往往最快抵達頂峰，這句話講的就是這個道理，其中的關鍵就是寓快於慢。

三 積極的行動和工作讓你抵達完美的境界

一切真正美好的境界都不是鏡花水月，一切美好的境界都不是過眼雲煙。它們是確確實實存在的，也是必須經過踏實的工作和艱辛的努力才能達到的。

雖然我們生活在自然世界中，但是自然世界也有殘酷的一面。我們應該堅信自己的力量，不要幻想著依賴上帝和好運，要依靠自己的力量拯救自己。只有經過自己的努力，優良的稟賦才能發展為高雅的人格修養。

如果沒有長久的奮鬥和工作，任何完美的境界我們都無法達到。再美好的自然境界中也有野蠻，最完美的境界是人們創造的理想的境界，這一切都離不開積極的行動和艱辛的工作。

四 奮力追求第一

只有去奪取第一，才能展現出你的優秀和獨一無二的價值。

這樣，你的價值就可以得到雙倍的發揮。特別是在和其他競爭者差不多的情況下，你敢於奪取第一，就能夠凸顯出你的優勢。有很多人本來能夠在自己的事業中有獨一無二的位置，但是他們沒有使盡全力爭取，結果讓其他人走到了他們的前面。

敢為天下先的人就如同家庭中的長子，長子佔據了在家庭中別人無法取代的地位，而他的後來者總難走出他的陰影。不管他們如何努力，人們總是習慣以後來者的眼光看待他們。

所以具備創新精神的人總會提出創新性的思想或者做出開拓性的工作來顯示出自己的卓爾不群，聰明的人總會出奇制勝地贏得自己不可忽視的位置。

千萬要記住，凡事不做則已，如果要做就要做到最好，如果要參與就一定要得第一。

第五課：為人處世要善待他人

人外有人，天外有天，沒有哪一個人是事事不行的，每個人都有自己獨特的長處和優點，每個人也都有自己高明的時候。

一 善於含蓄地批評別人

含蓄地批評別人是人際交往中十分精妙的一點，也是一門處世的藝術。是否能夠巧妙地評論別人，是檢測一個人是否具有能夠瞭解他人內心的智慧的有效手段。有些譏諷是懷有惡意的沙子，其中隱含著嫉妒和憤怒的毒藥。這樣的諷刺就如同一道突如其來的閃電，能把你的好名聲擊得粉碎。

有些人就是因為別人的這樣一句看似輕描淡寫的話而名聲掃地。只有那些不在乎權利的人，才可以根本不在乎別人的風言風語和惡意的評論。

但有些批評非常含蓄，卻是真誠的，沒有惡意和敵視，這樣的譏評與以上的譏諷不同，它恰恰可以增進你的名譽。

當充滿惡意的譏諷向我們襲來的時候，我們要學會熟練地舉起盾牌，將它們遠遠地蕩開。而且必要時我們可以給予對方有力的還擊。這需要一定的技巧，只有當你熟練掌握了這個技巧，你才能做到有備無患而高枕無憂。

二　克服對人無端的厭惡

很多人常常無緣無故地厭惡某些人。甚至當他們瞭解了這個人具體的品行之後，仍然無端地厭惡別人，唯一的理由就是他們所不清楚的直覺。有時候，他們厭惡的還是那些出類拔萃的人物。

這樣的缺點必須克服，你要學會時常提醒自己，討厭好人和有能力的人是大錯而特錯的，這個世界上沒有化解不了的仇怨，況且他們和你無怨無仇，憑什麼要怨恨他們呢？

能和傑出的人物保持融洽的關係是你具有遠見卓識的表現。如果你以怨恨之心對待他們，疏遠他們，那麼你就必然會後悔。

三 不要給自己樹敵

有些人簡直就是野蠻人，他們雖然生活在現代文明的大都市中，但是他們處處得罪人，處處讓人厭煩。讓人不可接近的人是毫無自知之明、毫無自制力的傻瓜，他們一開口就讓人生氣，這樣的人根本無法獲得別人的尊敬和歡迎。

看到這樣的人往往讓人聯想到動物園的野獸。周圍的人靠近他的時候就如同靠近野蠻兇殘的老虎一樣，為了避免被他人傷害，手中緊緊握著一根鞭子。這樣的人做事根本不擇手段，為了獲得更高的位置，他們可以奉承每一個人。

但是等他如願以償後，他會對每一個人無禮。他們刻薄尖酸，狂妄自大，這樣他們成為每一個人的敵人。對待這樣的人，唯一的辦法就是完全不理會他們，不要和他們發生任何關係。擺脫他們，和值得你交往的人往來。

四 和任何人都可以打成一片

波塞頓是古代希臘神話中的海神，他善於變化外貌。我希望你也能做一個善變而謹慎的波塞頓，善於和每一個人都打成一片。

當你和學識淵博的人交往時，自己也要做到學識淵博；當你和道德高深的人交往時，你也要做到品行完美無瑕。採取這樣的方式，你會獲得每一個人的喜歡，也會很容易地成為他們的知心朋友。

所以你要學會觀察人，學會瞭解人的性格，然後讓自己迎合他的個性。不論你是一個輕鬆閒散的人，還是一個生活嚴謹的人，你都要跟隨時代的腳步，慢慢地改變自己。特別是那些需要依靠他人的人更應如此。

這是謹慎待人接物的根本原則。如果你是一個胸懷寬廣、風格多樣的人，你就可以很輕鬆地做到這一點。

五 待人莊重如賓

與人交談，有時沒有必要刨根問柢地盤問細節，特別在話不投機的時候更是如此。每個人都應明白，和人交談並不是審訊。對於任何事物都不要漫不經心，而要給予他們足夠的注意或尊敬。

不論做什麼事情都要盡量做到有理有利有節，採取社會公認的正當方式，而且在做事的時候，要崇尚光明而不失豪俠之氣。對於很多事情你可以採取無為的原則。你可以裝出滿不在乎的樣子，讓事情自己得到解決。

你要善於從自己周圍的人與事務中淡出，特別是有關你的對手的事情，你更要和它們劃清界限。一個人不可以過分講究小節，這會讓人厭煩和生氣。如果一個人已經把過分苛求細節當成了自己的習慣，那麼他就會被別人認為特別無聊。

對於自己周圍發生的不愉快的事情，最好就把它們封閉在當時，讓它們四處傳播實在是一個瘋狂的舉動。

你要牢牢記住，人們的行為往往反應出本人的本質，如果一個人具有高尚的

心靈，他們做出的事情也就自然受人尊敬。每個人做出的事情都符合他內心的思想和他本身的能力。

六 不要與人爭執

如果你喜歡和人爭鬥，那麼就會損傷你的聲名。這時，你會給你的競爭對手留下把柄，他會乘機攻擊你，讓你名聲掃地。挑起爭鬥的人很少是善良之輩。想要挑起爭鬥的人尋找的理由正是善良的人所寬容的地方。

許多人本來有著很好的名聲，但是他們和其他人的爭執讓他們失去了昔日的清譽。雙方激烈的爭執盡展人類的劣根性，讓他們獲得惡名。雙方的爭執往往開始於揭別人的短處，作為對手，他們就開始不擇手段，利用一切方式攻擊對方，而不管這種方式是否合適。

雙方的爭執就如同一場大火，兩人都沒有什麼收穫，而且都受到了傷害。他們唯一的收穫就是在惡毒的攻擊之後所得到的瞬間的心理滿足。

報復之心就如同一陣颶風，掀起了人們都已經遺忘了的缺陷。對別人充滿了善意的人卻是那麼平和寬容，他們處理事情也是那麼體面而輕鬆。

七 別計較別人的錯誤

如果整天關注別人的錯誤，自己的名聲也會因此受到損害。有些人不是喜歡用別人的錯誤來遮掩自己的缺點或者錯誤，就是喜歡藉由自己的毛病來寬慰他人，這是特別愚蠢的做法。

他們一開口就讓人厭煩。不要熱中於記錄別人的錯誤和毛病，誰記的這樣的賬目越多，誰就更難以得救。人非聖賢，誰能沒有錯誤。

有人犯錯是因為性格和習慣，有些是因為沒有好的人際關係。除非你躲在深山老林，否則你的錯誤不可能不被人知道。睿智的人不會總記著他人的毛病，同時也會努力克服自己的弱點，不讓自己的錯誤烙刻在那些心胸狹窄的人的心中。

八 不要與一無所有的人競爭

記住，不要和一無所有的人進行任何競爭，因為這種競爭沒有意義。

因為他們沒有什麼東西可以失去，如果你和這樣的人站在同一起跑線上，你不會得到什麼便宜，而且你的聲名會承受巨大的風險。你多年來辛苦累積的聲名，往往會因為一些小事情而毀於一旦。

不要和那些一無所有、窮途末路的人爭鬥和競爭，因為即使你能獲得勝利，你也會得不償失。這樣做意味著巨大的風險。

九 善於發現他人的可褒揚之處

你應該善於表揚他人，善於發現他人值得表揚的地方。這樣會讓人瞭解到你高尚的品味和溫文寬厚的風格，你會獲得更多的尊敬和更高的聲望。完美不管在什麼地方被發現，都會得到眾人的珍惜。

對於他人的褒揚可以提供深入交流的契機，也給你提供了學習的榜樣。而且在這個過程中，可以把你的品格展示給你的同伴和朋友。

但是，有些人卻按照相反的方式做事情，他們長著一雙善於挑剔的眼睛，他們總會找出錯誤來進行大力抨擊；他們過分貶低那些不在場的人，以奉承那些在座的人。

一些淺薄的人很容易被他們迷惑，不知道他們不過是在搬弄是非。還有一些人養成這樣的習慣，總認為今日的平庸之輩也比昔日的傑出人物高出一籌。謹慎的聰明人應該善於識別這些行為，不要中了別有用心的人的詭計。

做人應該遵循中庸之道，應該堅持真理。不要言過其實，也不要文過飾非，更不要阿諛奉承，而有些人就是透過這些方式來混飯吃，不管他們在哪裡都一樣。

✚學會賞識別人

人外有人，天外有天，沒有哪一個人是事事不行的，每個人都有自己獨特的長處和優點，每個人也都有自己高明的時候。所以你應該學會欣賞每一個人，這一點是非常重要的。

聰明的具有高深修養的人對於每一個人都會尊敬有加，而且他也知道每個人所具有的特長，也知道做好一件事情不是那麼容易。

所以他可以原諒別人的失誤和挫敗。愚蠢的人卻對人採取輕蔑的態度，其中一個原因是他無知，另外一個原因就是他甘願墮落。

第六課：為人處世要坦誠守信

真誠不是毫無節制的坦白，必須注意禮節。

一　坦誠而不失禮貌

這個社會需要真誠和信用，但是很多人對於真誠有著致命的誤解。真誠不是毫無節制的坦白，必須注意禮節。如果不注意適當的禮節，那麼一切美好的東西可能都會受到誤解和損害，甚至公正和理性也無法存在。

週到的禮節可以彌補很多缺陷，它能夠讓人們有效地溝通和合作。

禮貌和尊敬可以讓不同的意見得到調和，可以讓真理更加美好，甚至能夠化干戈為玉帛。在人生的道路上，懂得如何處理人和人之間的關係非常重要。

如果一個人溫文爾雅、禮數周全，那麼就能夠和人們建立密切的關係，保持融洽的感情。優雅的舉止和儀表讓我們眼睛一亮，而讓人遺憾的是，這樣優雅的人在生活中卻不多見。

如果你能時刻做到語言和行為得體，那麼人生對你來說就沒有什麼困境。

二　坦誠而富有內涵

鑽石內部的光澤比它表面的光澤重要兩倍，所以為人也要像鑽石一樣具有內涵。對人真誠非常重要，但是具有內涵更會散發出永久的魅力。

有很多人彷彿繡花枕頭，只有一個光鮮的外表，而根本沒有什麼思想和內涵。就如同一些危樓，它們有著宮殿一樣的外表和門面，而裡面卻破破爛爛，還不如鄉村的土屋小院。有很多人嚴密地封鎖著他們的內心世界，根本不允許他人走進裡面，但是他們卻終日躲在裡面昏睡不醒。

他們在和你剛剛相識的時候，表現得非常熱情，但是在簡單的問候之後，你們的交談就宣告結束了。他們根本沒有什麼內涵，也沒有什麼充滿智慧的話語，他們只能保持死一般的沈默。

這樣的人可以愚弄一些注意事物外表的人，而根本無法欺騙一些富有智慧和內涵的人。因為有內涵的人目光敏銳，一下子就可以看穿他們空虛的內心世界。

三 做一個誠實守信的人

人心不古，在今天的社會，詭詐和惡行到處都有，有些人以怨報德，沒有幾個人能以自己所得到的禮遇來回報他人，往往辛苦的付出並不能得到相應的回報。

有些人不守信用，有些人弄虛作假。對於這些惡行，你要小心留意，既要小心不被人欺騙，也要小心不要被它們沾染。

你真誠待人可能得不到真誠的回報，即使如此，你也要堅持自己的原則，做一個誠實守信的人。

四 實幹勝過吹牛

喜愛自我吹噓的人總是有那麼多資本可以誇耀，但是在別人的眼裡，不是無中生有就是誇大其詞，根本毫無道理。

他們總是故弄玄虛，夸夸其談，這樣做只不過是給人提供了一些笑料。浮誇總是那麼無聊，況且並不真實，只會給人帶來不快的感覺。有些人的行為就如同乞丐一樣，總是在向人乞討讚美。

一個人縱然是天才，也不應該自我吹噓。我們應該努力踏實，而讓別人去賣弄口舌。你做什麼事情應該讓人知道，但是不應該到處叫賣。

一個人應該珍惜自己的金筆，而不是到處塗抹一些無聊的言辭。要學著做一個真正的英雄，而不是一個虛有其表的人。

第七課：為人處世要謙虛謹慎

有些人對待任何事情都非常嚴肅，其行動也嚴謹謹慎，所以他們比一般的人更能贏得人們的尊敬。

一 做事要謹慎而大膽

對於死去的獅子，兔子也敢在它的面前跳舞。

千萬要珍惜你的勇氣，正如珍惜你的愛情一樣。如果你曾經喪失過勇氣，那麼以後就很難再次鼓起勇氣。那麼第二次、第三次成功的機會你也就會令人惋惜地失去。有些障礙本來可以輕而易舉地克服，但是由於很多人缺乏勇氣，他們就這樣輕易地放棄了。

可是即使他們放棄了，這些困難也不會消失，在他們的人生道路上，他們可能很快又會碰到同樣的問題。如果看到困難就繞開的話，那麼你就可能需要繞地球一圈。

心靈往往容易衝動，而身體卻很懶惰，它喜歡保持現狀。心靈就如刀劍，它可以殺敵，也可以誤傷自己，所以應該給心靈安上刀鞘，就如同我們對於刀劍所做的一樣。如果你時刻保持謹慎，警惕心靈的妄動，那麼它就可以保護你避免受到過多的傷害。

如果一個人身體虛弱，的確讓人感到遺憾；但是如果一個人心靈虛弱，那麼它會比身體虛弱更讓人感到遺憾。因為心靈軟弱的話，會帶來更大的危害。許多人具有優異的個性，但是卻缺乏活力和激情。他們就如同行屍走肉一樣，終日在無精打采的狀態中耗費時光。

人具有非常豐富的天性，有些能成就你，有些也可以毀掉你。所以你應該努力發掘自己潛能中的甜美的蜂蜜，避開那些能夠傷害自己的鋒芒。

在人的身體當中，不僅有肌肉和骨頭，也有活躍的神經，所以你應該讓自己的生活充滿生氣和活力，而不是終日昏昏沈沈地度日。

二 絕不可玩世不恭

有些人對待任何事情都非常嚴肅，其行動也嚴謹謹慎，所以他們比一般的人更能贏得人們的尊敬。而總是喜歡開玩笑的人，就比較難以得到盡善盡美的評價。

因為其幽默和風趣，人們就難以相信他的話，不知道他什麼時候說的是真的，什麼時候說的是假的；另外人們還害怕成為他的笑料。所以沒完沒了地幽默也很讓人擔心。

有些人因為他們的聰明獲得了人們的讚譽，但是卻也因為過於聰明失去了他們的智慧。我們生活中有時候需要幽默和玩笑，但是大部分時間都需要嚴肅地去對待。

三 謹慎地對待外來資訊

一個人一生中的大部分時間都在從周圍的環境中收集資訊，我們能夠親眼見到、親自體驗到的事物太少了。

耳朵是一扇大門，真理和謊言都從這裡經過，不過謊言正大光明出入前門，而真理往往從後門溜進來。我們親眼看到的東西比聽到的東西更容易讓我們相信，而卻很少有完全純粹的真理，就如小販賣的東西。

人的情緒對我們有很大的影響，當人們表揚我們的時候，我們要保持警惕，當人們批評我們的時候，我們更要加倍注意。我們要認真觀察，去發現這些人對於我們有什麼圖謀，他們有什麼目的。只要你注意，就會識破出虛偽和欺騙。

四 向自己的對手學習

對於一把鋒利的刀來說，只有愚蠢的人才去抓刀刃。這樣的規則也適合於你與他人的競爭。聰明的人善於從對手身上得到很多東西，而愚蠢的人從朋友身上學到的屈指可數。許多人正是因為他們的對手而變得偉大。

刻意而無節制地奉承一個人比憎恨一個人更加惡毒，因為對一個人的憎恨能夠促使他改正自己的缺點，而對一個人的阿諛奉承卻能讓這個人長久地蒙在鼓裡，看不見自己的不足和缺陷，自然也沒有改正和提高的可能。

睿智的人會把對手的目光當作一面警醒自己的鏡子，以此照出自己的不足，來提高自己的能力和水準。

如果一個人進入了對手控制的領域，他就會變得非常小心謹慎，而謹慎，我認為這是最重要的個人性格。

五 藝多不壓身

做人應該做到多才多藝。當一個人能夠把事情做得完美無瑕，那麼他就勝過很多人。多才多藝的人可以生活得非常幸福，而且他還會和親友分享這種快樂。豐富多彩和盡善盡美是生活成功的真諦。

要學會欣賞一切美好的事物，這是一門真正的藝術。人既然成為了宇宙的靈長，天地精華所鍾，那麼就要不斷加深藝術的修養，讓自己更加完美精緻，讓自己能夠欣賞整個宇宙。

六 明白自己致命的缺陷

其實很多人可以成為完美的人，只要他們明白是什麼使他們沒有達到完美。如果你能注意到自己致命的缺陷，你就可以獲得更多你想要的東西。

有些人因為過於不拘小節，所以沒有成功地完成很多事情，有些人本來很有才能，但是因為不夠嚴肅，所以浪費了他們的天賦。

有些人不夠大方，所以他們往往在春風得意的時候失去了親朋好友的支持。有些人辦事沒有效率，有些人不會反省自己，這都是他們的不足或者致命的缺陷。

如果一個人能夠注意到自己最大的毛病，那麼他就可以改變自己，如果他能夠再注意一下，就可以把自己塑造成成功者。

謹慎可以培養習慣，而好的習慣可以幫助你達到人生的成功。

七 不要聰明過頭

聰明反被聰明誤是一句金玉良言，謹慎是一個人最重要的品質。聰明人具有超人的智慧，但有時他們反而不能把握住事情的關鍵，許多失誤往往應該是心智平庸的人犯的。聰明的人也應該重視常識，那些不在意的疏忽可能會造成大錯。

聰明的確不錯，但是不應該具有書呆子氣。不要進行過多的推理，因為這會引發大家的不同意見，只要能夠做出正確的基本判斷，就已經足夠了。

八 不要狂妄自大、目中無人

狂妄自大是一種特別讓人討厭的性格，這會妨礙一個人的名譽。在世人的眼中，狂妄自大的人不過是一些可笑的庸人罷了。人們認為謙虛忍讓的人是真正有水準的人，而那些狂妄的人連普通人都不如。狂妄自大的人絕對不會讓人發自內心地尊敬。

而這樣的人根本沒有什麼真正的本領，即使他到一大把年紀時也是如此。雖然這種毛病很常見，但是並不因此它們就不讓人討厭，這是最卑劣的人類品質之一。

第三卷　挑戰人性的弱點

第一課：自卑

大自然中的一切事物都是有優點和弱點的，因自己的弱點而自卑是最愚蠢的。如果總是跟自己過不去而產生自卑，那無異於折磨自己。

一　自卑是心靈的枷鎖

人是社會型生物，過的是群體生活。在這種生活中，有的人活得瀟瀟灑灑，有的人卻把自己的人生搞得一團糟。為什麼會出現兩種皆然不同的情況呢？其原因就在於後者把心靈拴上了自卑的枷鎖。

從前有個國王，得了一種世界上罕見的奇病。經醫生診斷，此病只有喝了獅子的奶以後才能痊癒。可是怎樣才能得到獅子的奶呢？大臣們都一籌莫展。

有一個聰明的男孩子得知此事後，想出了一個辦法。他每天跑到獅子的洞穴附近，為母獅子送一隻小獅子。到第十天，他和母獅子已經很親密了，終於順利地取到了一點獅子奶，可以給國王當藥用了。

可是在去王宮的路上，他自己身體的各部分卻吵起架來，鬧得不可開交。吵什麼呢？原來是爭論身體的哪個部位在取奶的過程中最重要。

腳說：「如果沒有我，就走不到獅子的洞穴，自然就取不來奶。」

手說：「如果沒有我，拿什麼取奶？」

眼睛說：「如果沒有我，看也看不見獅子，怎麼取奶？」

這時舌頭也突然加入進來，說：「如果不能說話，你們一點用處也沒有。」

身體其他器官一聽，更不服氣，群起而攻之：「你舌頭沒有骨頭，完全沒有價值，別再妄自尊大。」

舌頭聽了，覺得它們說得都對，不由得自卑起來。

進了王宮，到了國王面前，男孩獻上獅子奶，國王分辨不出什麼奶，便問那男孩子。

男孩子沈默不語。

這時身體其他器官才知道了舌頭的重要，連忙向它道歉。於是，舌頭才開口說：「這是獅子奶。」

這則寓言故事告訴我們，大自然中的一切事物都是有優點和弱點的，因自己的弱點而自卑是最愚蠢的。如果總是跟自己過不去而產生自卑，那無異於折磨自己。

一位父親帶著兒子去參觀梵谷故居，在看過那張小木床及裂了口的皮鞋之後，兒子問父親：「梵谷不是一位百萬富翁嗎？」父親答：「梵谷是位連妻子都沒娶上的窮人。」

過了一年，這位父親又帶兒子去丹麥，在安徒生的故居前，兒子又困惑地問：「爸爸，安徒生不是生活在皇宮裡嗎？」父親答：「安徒生是位鞋匠的兒子，他就生活在這棟閣樓裡。」

這位父親是一個水手，他每年往來於大西洋各個港口，這位兒子叫伊東布拉格，是美國歷史上第一位獲得普利茲獎的黑人記者。

二十多年後，在回憶童年時，他說：「那時我們家很窮，父母都靠出賣苦力為生。有很長一段時間，我一直認為像我們這樣地位卑微的黑人是不可能有什麼出息的。好在父親讓我認識了梵谷和安徒生，這兩個人啟發我，上帝沒有輕看卑微，我不能因此而自卑。」

富有者並不一定偉大，貧窮者也並不一定卑微。上帝是公平的，他把機會降到了每個人面前，每個人面臨的機會是相同的。

二　自卑是成功的絆腳石

自我們出生到死亡，我們的心靈與肉體，便一直相互矛盾、相互統一著。因為每個人的生活環境不同，因此人與人之間在心靈上有著巨大的差異。有缺陷的人，在心靈的發展上要比其他人有更多的阻礙，他們的心靈也較難影響、指使和命令他們的肉體趨向優越的地位。

他們需要花費更多的精力，才能獲得相同的目標。由於他們心靈負荷重，會變得以自我為中心，只顧自己。結果，這些人的社會感覺和合作能力就比其他人差。

弱點儘管造成了許多阻礙，但絕非無法擺脫自我命運。如果心靈主動運用其能力克服困難，可能會和正常人一樣獲得成功。

事實也證明，有弱點的人，雖然遭受許多困擾，卻常常要比那些身體正常的人有更多的成就。身體阻礙往往能促使一些人前進。當然，只有那些決心要對群體有所貢獻而興趣又不集中於自己身上的人，才能成功地學會補償。

每個人都有不同程度的自卑感，因為我們都希望改進自己所處的環境。

沒有人能夠長期忍受自卑感，一定會使人採取某種行為，解除自己的緊張狀態。但是，如果一個人已經氣餒，認為自己的努力不可能改變所處的環境，卻又仍然無法忍受他的自卑感，那麼他依舊會設法擺脫它們，只是所用的方法不能使他有所進步。

他的目標雖然還是「凌駕於困難之上」，可他卻不再克服障礙，而是用一種優越感來自我陶醉，麻木自己。

造成自卑感的情境仍然一成未變，問題依然存在，自卑感會越積越多，行動會逐漸將他自己導入自欺之中，這便是「自卑情結」。

這個術語的定義是：當個體面對一個他無法適當應付的問題時，當他表示他絕對無法解決這個問題時，此時出現的便是「自卑情結」。如果別人告訴他正在蒙受自卑情結之害，而不是讓他知道如何克服，他只會加深自卑感。應該是找出他在生活中表現出的氣餒之處，在他缺少勇氣處鼓勵他。

由於自卑感造成緊張，所以爭取優越的補償作用必然會同時出現。補償作用的目的不在於解決問題，爭取優越的補償作用總是希望現實生活有所改變，真正的問題卻被遮掩，是在避免失敗而不是在追求成功，在困難面前表現出猶疑、彷徨，甚至是退卻的舉動。

其實，自卑感本身並不是變態的，它是人類地位之所以增進的原因。自卑感肇始於人的懦弱和無能，由於每個人都曾是人類中最弱小的，加之缺少合作，只有完全聽憑其環境的宰割，所以，假使未曾學會合作，他必然會走向悲觀之途，導致自卑情緒。

對最會合作的人而言，生活也會不斷向他提出尚待解決的問題，沒有誰會發現自己所處的地位已接受完全控制其環境的最終目標，誰也不會滿足於自己的成就而止步不前。

每個人都有自己的優越感目標，它是屬於個人獨有的，取決於他賦予生活的意義。這種意義不只是口頭上說說而已，而是建立在他的生活風格之中。優越感的目標如同生活的意義一樣是在摸索中定下來的。

優越感的目標一旦被個體化以後，個體就會節減或限制其潛能，以適應他的目標，爭取優越感的最佳理想。對於一個健康的人來說，當他的努力受阻於某一特定的方向時，他會另外尋找新的門路。

因此，對優越的追求是極具彈性的。有關學者指出，特別強烈的對優越的追求使人變得極其自尊，這些人毫不掩飾地表現出他的優越追求，「他們會斷言：『我是拿破崙』，『我是中國的皇帝』，希望自己成為世界注意的中心。」

事實上，對優越的追求是所有人類的通性，而這些人的錯誤在於他們的努力指向是生活中不太可能獲得成功的一面。若要幫助這些用錯誤方法追求優越的人，首先是讓他們知道，人對於行為、理想、目標和性等各種要求，都應以合作為基礎，要面對真正的生活，重新肯定自己的力量。

世界上有許多成功名人，在學校中曾是屈居人後的孩子，後來恢復了勇氣和信心，取得了偉大的成就。能夠妨礙事業成功的，不是遺傳，而是對失敗的畏懼，是自我的氣餒和自卑情緒。

你如果有了成功的目標，你必須搬開自卑的絆腳石。

第二課：嫉妒

如果被嫉妒心理困擾，難以解脫，一定要控制自己，不做傷害對方的過激行為。然後不妨用轉移的方法，將自己投入到一件既感興趣又繁忙的事情中去。

一　妒人害己

嫉妒是一種難以公開的陰暗心理，是人們普遍存在著的人性弱點。在日常工作和社會交往中，嫉妒心理常發生在一些與自己旗鼓相當、能夠形成競爭的人身上。比如：對方的一篇論文獲獎，人們都過去稱讚和表示祝賀，自己卻直挺挺坐在那裡一言不發。

由於心存芥蒂，事後也許或就這篇論文，或就對方其他事情的「破綻」大大攻擊一番。對方再如法炮製，以牙還牙。如此惡性循環，必然影響雙方的事業發展和身心健康。

由此，我們可以看出嫉妒對一個人的傷害特別大，是妨礙一個人取得成功的最大阻力。所以，我們必須克服嫉妒這一弱點。如果被嫉妒心理困擾，難以解脫，一定要控制自己，不做傷害對方的行為。然後不妨用轉移的方法，將自己投入到一件既感興趣又繁忙的事情中去。

工作及社交中的嫉妒心理往往發生在雙方及多方身上，因此注意自己的修養，尊重與樂於幫助他人，尤其是自己的對手。

這樣不但可以克服自己的嫉妒心理，而且可使自己免受或少受嫉妒的傷害。同時還可以取得事業上的成功，又感受到生活的愉悅，何樂而不為呢？

二 嫉妒產生的原因

嫉妒就像一把雙刃劍，既傷害別人，也對自己不利。嫉妒心理妨礙一個人的正常工作，使其與人合作時產生消極抵抗情緒，並且在潛意識裡引發一些破壞和阻礙他人的傾向。

柳莎就是一個嫉妒心很強的人，當然她自己也因此吃過不少苦頭。最近，與她同時進入同一家公司的瑪林娜被提升為部門經理，而她依舊是一個普通的職員。柳莎感到很不平衡，她有一種受傷的感覺。她經常想：自己究竟有什麼地方不如瑪林娜？為什麼她得到提升，而自己卻要受她的領導？柳莎覺得這不公平。

是不是瑪林娜給了上級什麼好處？是不是自己長得不如她漂亮？或者僅僅是因為瑪林娜學歷比自己高？可是，在公司裡，應該以工作成績來衡量一個人的能力，而不應該根據其他條件。

即使是這樣，也不應該只提升瑪林娜而不提升我柳莎，因為我們的工作成績不相上下呀！柳莎想這個問題想了很久，怎麼也想不明白。她覺得遭受了沈重的一擊，痛苦不堪。

因此，她在接下來的工作中，再也不像以前那樣愛笑了，她總是顯得心事重重。當瑪林娜與她說話的時候，她眼皮都不願意抬一下，語氣也很冷淡。她不願意理睬瑪林娜。但是，當瑪林娜沒有注意她的時候，她又會忍不住偷偷地盯著瑪林娜，她似乎想在瑪林娜身上某個地方找出一點蛛絲馬跡，看看她究竟靠什麼手段獲得上司的青睞。

她看到瑪林娜與以往一樣，好像什麼事情也沒發生，心裡更加不平。她內心的怨恨無處發洩，於是就開始消極起來。

開會的時候，只要瑪林娜在場，她就絕不發言。當同事們一起到餐廳吃午飯的時候，只要瑪林娜也去，她就堅決拒絕同事們的邀請。

她寧可到附近的小商店去買那種難以下嚥的奶油麵包和沒有營養的瓶裝汽水，也不願意跟瑪林娜同一張桌子吃飯。在工作上，瑪林娜想給她分配任務時，她就想：難道你覺得我受到的傷害還小嗎？不過，好吧，既然你是經理，我當然不得不按照你的吩咐去做。

但是，你可不要幻想我會把工作做好……自從瑪林娜被提升為經理以後，柳莎的心裡沒有別的，她成天在腦子裡琢磨這些亂七八糟的事情。不久，公司以柳莎消極怠工、對顧客態度冷漠而將她辭退。嫉妒害得柳莎失去了工作！

生活中像柳莎這樣的事情並不少見。要想根除這種不健康的心理，就得對症下藥，先尋找它產生的原因，再想辦法加以克服。

1虛榮心在做遂。

柳莎的嫉妒，並不是來自於所謂的不公平，而是因為她內心的虛榮。實際上，她之所以感到痛苦，是因為她在潛意識裡將自己與瑪林娜進行了不合理的比較。她覺得瑪林娜的提升，意味著上司對自己工作能力的否定。

她的虛榮心受到損傷，所以她把怨恨全都傾瀉在瑪林娜身上。曾經有一位企業家說過，「一個人得到上司的青睞，說明他必有過人之處。在任何一個組織裡，評估一個人的能力，原則上只應該以工作成績做依據，但是，事實上並非如此。這個世界上的任何事情都是由人來做的，既然是人做的，就不可避免地會參雜著人的喜好。上司對下屬的看法，除了要看他們的工作，還會從其他方面加以考慮。不能把自己同別人進行簡單的比較。簡單的比較，只會助長虛榮心。」

2 沒有正確認識自己。

為什麼你得不到這個機會？你是不是確實有什麼地方不如別人？要經常這樣問自己，每天檢查自己的得失。

我國古代的儒家勸人要每日進行多次反省，就是為了使人對自己有一個清醒的認識。退一步說，某一次機會失去了，並不就說明你不如別人。每個人都有自己的長處。也許新的職位並不能充分展現你的才華。

提升與否，並不是對人能力高低的評價。你可能並不適合做經理，而目前缺少的剛好是一位經理的人選。你的長處在於你對財務工作的熟悉，可是，現在並不缺乏這方面的人才。

如果缺乏的是一位會計師，那麼這次提升的就不是別人，而是你了。

3心胸比較狹隘。

心胸狹隘的人，看到別人做出成績，就會感到不舒服。他們容不得別人的進步，恨不得每個人都不如自己。但這是不可能的。

俗話說：只有更好，沒有最好，這話是勸人不要好高騖遠，要虛心一點，要務實一點，要放寬心胸，容人容物。幻想人人都不如自己，那是脫離實際的。世界的發展，絕不是靠某一個傑出人物來推動的。

沒有人可以有這麼大的能耐。既然如此，就不應該一看到他人取得成績，心裡就難受。要勇於承認自己和別人的差距。

當看到身邊的人取得了成功時，不妨向他們學習，把自己和別人的差距變成對自己的一種鼓勵，更加倍努力，迎頭趕上。

三　將嫉妒昇華為前進的動力

染上嫉妒惡習的人應該怎樣克服這一弱點呢？首先要心胸開闊，正確對待在事業上和學習、生活上比自己能幹的人。

其次，要充分認識嫉妒害人害己產生的惡果。嫉妒者多半把自己的主要精力和全部智慧都下意識或十分明確地用於攻擊和傷害被嫉妒的一方。雖然有些嫉妒者也知道這樣做是不對的，但他們就是不能控制自己。

在我們努力消除嫉妒的時候，我們應該分清嫉妒的類型。嫉妒可以分為消極嫉妒和積極嫉妒兩種。消極嫉妒對人們非常有害，而積極嫉妒是推動人們向前的動力。

所以，我們說克服嫉妒主要說的是克服消極嫉妒心理。較好的辦法是：喚醒你的積極嫉妒心理，勇敢地向對手挑戰、競爭。積極嫉妒心理會產生自愛、自強、自勵、競爭的行動和意識。

當你發現你正在嫉妒一個在各方面比自己能幹的同事時，你不妨反問幾個為什麼和結果如何？在你得出明確的結論之後，你會受到啟示。長時間地停留在嫉妒之火的折磨和煎熬中，並不能使自己改變面貌。要超越他人，就必須下定決心，在學習或工作上努力，以求得事業上的成功。

我們可以借積極嫉妒心理的強烈超越意識去奮發努力，昇華消極嫉妒之情，以此建立強大的自我意識以增加競爭的信心。自卑感強的人容易嫉妒，因為他們想逃避現實而故意虛張聲勢，因為懼怕失敗而採取嫉妒的手法。所以，首先要對自己的能力、潛力有一個客觀的認識。不自我誇大，亦不自我貶低。只有在自我感覺好、自我意識能力強的前提下，才能變消極嫉妒為積極嫉妒，也才能在積極嫉妒心理中獲取能力、接受競爭意識的刺激。

當然，當一個人反問幾個為什麼之後，可能會覺得自己的天賦、客觀條件、知識、能力都不如他人。這也無妨，不要自卑，更不要嫉妒。不妨再找找自己的優勢，在某一方面發揮你的優勢，在競爭中發揮自己的聰明才智，從而找到自己的心理位置，得到生活的樂趣。

總之，對於他人在事業上的成功，既要嫉妒，又要不嫉妒；嫉妒，就是積蓄你自己大量的精力、時間、智慧去產生應該屬於你範圍內的積極嫉妒心理；不嫉妒，就是要灑脫和不甘於落後，對自己充滿必勝的信心。這才是強者的風範。

第三課：憂慮

有位作家曾如此寫道：給人們造成精神壓力的，並不是今天的現實，而是對昨天所發生事情的悔恨，以及對明天將要發生事情的憂慮。我一週之內至少有兩天是絕不會煩惱的。

我在這兩天內也是無憂無慮的，並且絲毫不會為之而感到擔憂和煩惱。這就是昨天與明天。

一　戰勝憂慮

憂慮是一種流行的社會通病。幾乎每個人每天都花費大量的時間為未來而擔憂。他們為自己、家人和社會的未來而憂；他們擔心自己的身體會出現毛病，他們害怕別人與自己中斷關係，他們擔心自己所處的社會變得一團糟……不能說他們完全是「杞人憂天」，但是這種行為至少也是一種毫無益處的行為。

憂慮的危害

與內疚悔恨一樣，憂慮也是我們生活中常見的一種最消極而毫無益處的情緒，是一種極大的精力浪費。當你悔恨時，你會沈迷於過去，由於自己的某種言行而感到沮喪或不快，在回憶往事中消磨掉自己現在的時光。

當你產生憂慮時，你會利用寶貴的時間，無休止地考慮將來的事情。對我們每個人來講，無論是沈迷過去，還是憂慮未來，其結果都是相同的：你在浪費目前的時光。

當你具體地審視這兩個人生的困境時，就會發現它們存在著一些相似與關聯之處；或者說，二者是一個問題中兩個相對的方面：內疚悔恨意味著你生活在現實中，由於過去的某些行為而使你產生惰性；而擔心未來則是你在現時情況下因將來的某件事而陷入惰性，而你所憂慮的事情往往是自己無法左右的。

雖然前者針對過去，後者針對未來，但它們對現時的你都產生同樣的效果：讓你煩惱並產生惰性。

記得有位作家曾如此寫道：給人們造成精神壓力的，並不是今天的現實，而是對昨天所發生事情的悔恨，以及對明天將要發生事情的憂慮。

我一週之內至少有兩天是絕不會煩惱的。我在這兩天內也是無憂無慮的，並且絲毫不會為之而感到擔憂和煩惱。這就是昨天與明天。

在我們的生活中，內疚悔恨與憂慮的例子比比皆是，而且幾乎人人都不例外。許多人要麼為自己不應做的事情而自我悔恨，要麼為可能發生的事情而憂心忡忡。

如果你的大腦裡存著大片的「悔恨與憂慮區域」，就必須予以清掃和消毒，消滅那些侵蝕著你生活各個方面的「悔」和「憂」的蛀蟲。

三 找到憂慮的根源

憂慮是因為將來的某件事而在現時中產生惰性。但請記住一點，世上沒有任何事情是值得憂慮的，絕對沒有！你可以讓自己的一生在對未來的憂慮中度過，然而無論你多麼憂慮，甚至憂慮而死，你也無法改變自己的現實。

還有一點，你不能將憂慮與計劃安排混為一談，雖然二者都是對未來的一種考慮。如果你是在制定未來的計劃，這將更有助於你現時中的活動，而憂慮只是因今後的事情而產生惰性。

這裡，還必須釐清一個概念，不能將憂慮與關心混為一談。我們生活的社會似乎認為這二者是等同和必然聯繫的，也就是說，如果你關心一個人，就必須替他憂慮，似乎只有用憂慮才能證實自己的情感。

而且，憂慮與愛情也是毫不相關的，相愛可能產生倆人相互間的思念，但這種思念並不是一種消極的情感，而是能產生一種積極的動力。在戀愛關係中，每個人應該做出自己的選擇，而不應被對方提出的條件所束縛。

既然憂慮如此消極而無益，既然你是在為毫無積極效果的行為浪費自己寶貴的現時，那你就必須消除這一弱點。

其實，對許多人來講，他們所憂慮的往往是自己無力改變的事情。無論是戰爭、經濟蕭條或是生理疾病，不可能因為你一產生憂慮就自行好轉或消除。作為一個普通的人，你是難以左右這些事情的。

然而，在大多數情況下，你所擔憂的事情往往不如你所想像的那麼可怕和嚴重，也許想想辦法，或者變換一下環境，某些擔憂就變得毫無必要了。

生活中，我們很多的憂慮大都如此，因此，當你不時地為生活而憂慮時，多想想這方面的例子，你可能一下子就變得豁然開朗。

四 消除憂慮的八個步驟

當你認識到憂慮產生的背後心理之後，便可以著手制訂一些具體方法，以消除憂慮的病毒。

1要明白憂慮心理的毫無用處。

你可以反覆地問自己：「我的憂慮情緒能夠改變任何事情嗎？」

2珍惜現在的生活，不要總憂慮將來。

一旦發覺自己在憂慮，就問問自己，「我現在為憂慮而虛度光陰是要迴避什麼事情呢？」然後，你便可以著手解決自己所要迴避的問題。消除憂慮的最有效辦法是採取實際行動。

3抽出一定的時間專門憂慮，並逐漸減少憂慮時間。

每天上午和下午為自己安排十分鐘的時間用於憂慮。盡可能充分利用這段時間擔憂各種可能遇到的問題及困難。然後，理智地控制自己的思想，將所有其他憂慮都推遲到下一個指定的「憂慮時間」。你很快就會發現，這樣無益地浪費時間是可笑的，最終你將徹底消除自己的憂慮弱點。

4將自己昨天或者前一個星期甚至一年以來所憂慮的各種事情，列出一份憂慮清單。

想一想自己的各種憂慮產生的原因，再考慮一下自己所憂慮的事情有幾件確實發生過。這樣做，我們很快就會意識到，憂慮是一種毫無意義的活動，這絲毫不會改變未來。而自己所設想的糟糕局面實際上往往並不那麼可怕，有時甚至是相當不錯的。

5看看自己憂慮時的表現。

你可以對某人說：「看看我，我要憂慮了。」別人會感到莫明其妙，因為你大概都不知道如何表現出你所熟悉的這種經常性活動。

6向自己提出這樣一個問題：「我可能遇到的最糟糕的事情是什麼，這種事情發生的可能性有多大？」這樣你就會發現憂慮心理是愚蠢可笑的。

7針對自己通常憂慮的問題，有意識地做一些自己一直在迴避的事情。例如，如果你一向省吃儉用，總是擔心將來有一天會手頭拮据，那麼你現在便可以開始將錢用掉。曾經有個富商在遺囑中寫道：「作為一個明白事理的人，我在活著的時候將自己的錢全部花掉了。」我們也可以向他學習。

8從現在起，用積極的思想和行為正視你的憂慮心理。

上面列舉了消除憂慮的一些辦法。但消除憂慮的最有力武器莫過於下決心從生活中完全摒棄這種行為。

要認識自己的悔恨及憂慮心理，關鍵在於學會珍惜現在。應該學會在現時中生活，不要在悔恨過去或擔憂將來中浪費眼前的時光。

你能夠真正生活的時間既不是過去，也不是將來，而是現在。然而，無益的悔恨和憂慮都浪費著你現在的寶貴時光。

生活是這麼美好，我們擁有世上的一切美好的事物，我們還有什麼可以憂慮的呢？

五 打開憂慮之鎖的「鑰匙」

成功學大師卡內基曾說：憂慮像把鎖，它能把人「鎖」得心慌意亂。打開憂慮之鎖的「鑰匙」是：看清事實，分析情況和付諸行動。

1在複雜的社會生活中，如果一個人能夠把他的所有時間都用於以一種很超然、很客觀的態度去找尋事實的話，他的憂慮就會在他知識的光芒下，消失得無影無蹤。

要那樣做並不是一件簡單的事。當我們憂慮的時候，情緒往往難以控制，不過，有兩個辦法，有助於我們看清事實：

(1)在蒐集各種事實的時候，當做不是在為自己蒐集這些資料，而是在為別人，這樣可以保持冷靜而超然的態度，也可以幫助自己控制情緒。

(2)在試著蒐集造成憂慮的各種事實時，有時候要假裝是對方的律師，換句話說，也要蒐集對自己不利的事實，那些有損自己的威望和自己不願意面對的事實。

把兩種完全不同的事實都詳實地記錄下來，這樣，我們通常能夠發現，真理就在這兩個極端的中間。

2分析情況

在一個人遇到棘手的問題時，即使把相關的事實都蒐集起來，如果不加以分析和詮釋，對問題的解決也絲毫沒有用處。

卡內基解決棘手問題的經驗是：先把瞭解到的所有事實寫下來，再做分析。

事實寫到了紙面上，看上去就能一目了然。把我們的問題明明白白地寫出來，有助於我們得到一個合理的決定。

正如那些善於打開憂慮之鎖的人所說的：「只要能把問題分析清楚，問題就已經解決了一半。」

懷特是一個在遠東地區非常成功的美國商人。一九四二年，懷特先生在中國上海的一段親身經歷，恰巧驗證了卡內基在棘手問題處理上要分析情況的主張。

懷特當時是上海亞洲人壽保險公司的經理。日軍轟炸珍珠港後不久，佔領上海的日軍派來一個所謂「軍方清算員」來清算上海亞洲人壽保險公司的財產。

在這種事情面前，由於當時特殊的歷史背景，懷特是一點辦法也沒有。要麼，就跟他們合作；要麼，就不予合作，而不合作，也就等於死路一條。

萬般無奈，懷特開始有所保留地與日本人「合作」，在交上去的清單中少填了一筆七十五萬美金的保費，因為那是與上海公司資產無關的香港公司的收入。不過，這筆保費還是被日本人發現了，他們蠻不講理地大發雷霆。

顯然，懷特面臨著死亡的威脅。當回憶起這段經歷時，懷特說：「當時我該怎麼辦呢？我在禮拜天下午聽到這個消息，如果我沒有可以解決問題的方法，我一定會嚇壞了。

「我按照自己多年來的習慣行事，直接回到上海基督教青年會我住的房間，取出我的打字機。我打下：

A我擔心的是什麼？

我怕明天早上會被關進憲兵隊裡。

B我能怎麼辦呢？

⑴可以嘗試著去跟那位負責清算的日本海軍上將解釋。可是他『不會說英文』，若是找個翻譯來跟他解釋，很可能會讓他發火，那我可能就是死路一條了。因為他是個很殘酷的人，我寧願被關在憲兵隊裡，也不願去跟他解釋。

⑵逃走。

這點是不可能的，他們一直在監視著我。我從基督教青年會搬出搬進都需要登記，如果打算逃走的話，很可能被他們抓住而被槍斃。

⑶留在我的房間裡，不再去上班。

但如果我這樣做的話，那個日本海軍上將就會起疑心，也許會派兵來抓我，根本不給我說話的機會，而把我關進憲兵隊裡。

⑷禮拜一早上，照常到公司去上班。

如果我這樣做的話，很可能那個日本海軍上將正在忙著，而忘掉我那件事情。即使他想到了，也可能已經冷靜下來，不會來找我麻煩。要是這樣的話，我就沒問題了。甚至即使他還來煩我，我仍然還有機會去向他解釋，所以應該像平常一樣在禮拜一早上到辦公室去，好像根本沒出什麼事，這可能會給我個逃避憲兵隊的機會。

「等我把所有事情都想過，決定採取第四個計劃，像平常一樣，禮拜一早上去上班之後，我覺得大大地鬆了一口氣。

「第二天早上我走進辦公室的時候，那個日本海軍上將坐在那裡，嘴裡叼著根香菸，像平常一樣地看了我一眼，什麼話也沒說。六個禮拜後，謝天謝地，他被調回東京去了，我的憂慮就此告終。」

懷特之所以能撿回一條命，大概就因為在那個禮拜天下午坐下來寫出各種不同的情況，和每一個步驟所可能帶來的後果，然後很鎮定地做出決定。如果他沒有那樣做的話，他可能會慌亂，或者是遲疑不決，而在緊要關頭走錯一步。

要是他沒有分析問題，達成決定，那整個禮拜天下午，他就會急得心亂如麻，那天晚上他也睡不著覺，禮拜一早上上班的時候，也很可能滿面驚惶，光是這一點，就足以引起那個日本海軍上將的疑心，而對他採取行動。

一次又一次的經驗證明，分析情況的確有莫大的價值。我們都是因為不能達成既定的目的和不能控制自己，老在一個令人難過的小圈子裡打轉，才會造成精神崩潰。懷特發現，一旦很清楚、很準確地達成一種決定之後，再多的憂慮都會消失。

3 付諸行動

詹姆斯說：「一旦達成決定，當天就要付諸行動，同時要完全不理會責任問題，也不必關心結果。」他的意思是說，一旦你以事實為基礎，達成了一個很小心的決定，就付諸行動，不要停下來再重新考慮，不要遲疑、擔憂和猶豫；不要懷疑自己，否則會引起其他的懷疑，造成忙亂和憂慮；不要一直回頭去看。

4 不要杞人憂天

猶太人說：「只有一種憂慮是正確的，那就是為憂慮太多而憂慮。」憂慮是無濟於事的，它只會在同一個地方打轉，然後回到起點。

這是無法改變的事實，你的憂慮不會造成任何的影響或改變，不是嗎？而如果你為一件即將發生的事情而焦慮，你也知道這件事情可能發生，也可能不發生。一種情況如同你所憂慮的一樣發生了，那麼憂慮只會減少你應付問題的能力。

現在把你的憂慮存貨清查一番，假如你對自己夠誠實，你將發現它們多半都是沒有根據的。你還記得一年前所擔心的事情嗎？它們是如何解決的？你難道不是為了它們當中的大部分，浪費了許多精力而一無所獲？

馬克．吐溫說：「我已老邁，也知道很多麻煩事，卻很少真的發生過。」憂慮就像假設的債務，但我們卻在事先就支付了利息。

憂愁是會自我增強的。我們可以從馴馬師觀察馬群受驚時會因驚慌增強而奔跑這一現象而得到證明。當馬群湊巧拔腿而跑，便推想附近定有危險，於是跑得更快，如果又以為危險更接近了，就更加快速飛奔。亞瑟．史馬斯．洛克說：「憂慮是流過心頭的一條恐懼的小溪。如果水流增加，它就會變成帶動所有思緒的河川。」

正如荷蘭夫人所說的：「麻煩就像嬰兒一樣，越有人照顧就越長越大。」

建議你每天抽出半小時作為「憂慮時間」，只是千萬別把憂慮時間排在就寢前一小時內，當你因為憂慮而無法專心工作時，就告訴自己待會兒再憂慮。到了「憂慮時間」，如果已經忘了那些事，就表示那個問題不值得擔心。

哥倫比亞大學的赫克斯教授說：「有一半的憂慮是由於一知半解就做出決定造成的。」所以，解決難題一定要先瞭解難題存在的原因，否則無從下手。

接下來問問你自己：「這件事情發生的機會究竟有多少？」「可能發生的最惡劣情況是什麼？」通常你會發現，事情不可能壞到那樣，你只要定義清楚，並且把後果考慮一遍，往往就能夠降低問題所帶給你的壓力與害怕。

既然你已做了最壞打算，就要想著如果真的發生了，便只有接受它。一旦你決心「接受這種結局」，那麼，剩下來的便沒有什麼好擔心的了。

剩下的事情就是立刻想辦法讓事情不要惡化，然後平靜地想辦法改善最惡劣的情況。

如果你學過游泳的話，你會記得最初總是在水中胡亂拍打、掙扎，即使你努力學著，但似乎沒有什麼成就。然後，忽然之間你放鬆自己，「我懂了！」你叫出來，「我學會游泳了！」當你學會讓自己在精神上放鬆的方法時，情況就會是如此。

「我懂了！」你會說，「我能夠在人生之海中無憂無慮地游泳了！」

不經歷風雨怎能見彩虹，每一個人都有許多煩惱，但正確對待它們的態度是既不杞人憂天，又要防患未然，行走於路上常常帶著一把傘，但豔陽高照時卻不必打起傘。

5 焦慮是自信的絆腳石

如果你不能坦然面對焦慮，並處理好這個問題的話，它將最終控制你，使你陷入毫無意義的自憐自怨中，甚至還可能陷入絕望。

如果一直為驚懼所困，但又不知原因所在，那麼它就會毀了你的生活。生活中很多人會莫名其妙地感到煩惱，而他們自己並不知道原因何在。事實是他們為擔憂而擔憂，或者為可能會有的痛苦而擔憂。這種體驗一直困擾著他們，甚至他們並不真感到焦慮時，也在為它擔心。

把這些消極的念頭拋棄吧。想一想這些焦慮的感情佔用了你多少精力，如果這些精力被用在實現積極的、對生命有益的事情上該有多好。

偶爾的擔心和自我懷疑是正常的。在找一份新的工作或第一次約會時，一定程度的擔心將增加人的警覺性。但如果有人對你說你將有不好的事情發生，你將得不到這份工作或這次約會將是個悲劇——你就會極度緊張，進而發展成為焦慮。一旦焦慮破壞了你的自信，它就會變成一股有麻醉作用的力量。

西格爾患病時，自己開車到市裡的皇家馬斯頓醫院檢查。他被安置在一間能容納四張床的小房間裡，睡在靠窗的一張床上。

手術前夜，一個朋友和他的父親出乎意料地來看望西格爾，接著西格爾的幾個家人也來了。

但八點鐘時只剩下西格爾一個人了。月光傾瀉下來，西格爾極力想入睡，但不知為什麼，他心事重重。午夜時分，急救人員送進一位躺在擔架上的男人，並且把他安置在西格爾身邊的床上。那個男人戴著氧氣面罩，儘管當時是十二月中旬，他卻埋怨天氣很熱。西格爾提議和他換床，讓他靠窗子睡，還告訴護士說如果開窗能讓他好受一點，自己是不會介意的。護士說，那是不可能的，但他還是向西格爾道了謝。

那個男人大約三十五歲，臉上有腫塊，顯然病得很重。他得癌症已經兩年了，但好像沒辦法阻止癌症的擴散。他渾身都是腫塊，曾全身換過血，現在他正在進行電磁波療法，一次最後的嘗試。

不久西格爾就被送去手術了，接著在加護病房待了兩天半。回到原來那間病房時，那個男人已經不在了。

西格爾剛能起床就開始尋找。因為他身上的一些部位插著很多管子，沿著走廊慢慢挪動，看上去就像弗蘭肯斯坦的怪物。西格在一間單人病房看到那個男人正坐在一把扶手椅裡。他看上去精神很好，他向西格爾笑了笑，以極平常的語氣說，醫生已經告訴他，他們想不出別的辦法幫他了。

屋裡有他的妻子、孩子，還有一些是他親近的朋友和親戚。他們中的一些人顯然很沮喪。

西格爾不知說什麼好，就解開自己的睡衣，給他看身上的傷疤：「看看他們都對我做了什麼，多麼嚇人。」然後西格爾相當難堪地沈默了，因為他知道自己的痛苦無法和對方相比。

那個男人平靜地望著西格爾，說：「我希望你的病能治好。我希望你能戰勝癌症，因為癌症打垮了我。我希望你能平了這紀錄或者打破一項紀錄。祝你一切都好。」

「別擔心，我會的。」

西格爾離開了房間，非常沮喪，非常難過。只是到了那時他才認識到，他再也不會像以前那樣為自己的健康與未來如此擔憂了。

我們的焦慮大多來自未來可能發生的事，也就是那些現在還不存在的事。如果你現在欠黑手黨的錢或是被警察追殺，我相信你的擔憂是有理由的。

一旦你為某事困擾，自己幫助自己吧。讀書、尋求建議、找朋友傾訴。這是明白處境並克服它的開始，你會把它拋開的，一次是這樣，以後永遠都能這樣。

驅除焦慮最好的方法，就是不要去理會它。因為如果你老是想著這些焦慮，他們就會陰魂不散地縈繞在你的腦海裡。許多人一直想著他們不希望發生的事情，但往往這些事情就會發生。

何不把這些你不想發生的事情拋諸九霄雲外，而把你的心靈空間，留給那些你希望發生的事呢？

你應該學習使你的心神集中在你想做的事情上。當你的內心浮現出明確的目標時，就是你開始產生信心的時刻。當你培養出信心時，就能夠召喚出無窮智慧來幫助你，實現你的明確目標。

只有善於運用信心，加上堅忍不屈的行動和明確的目標，才能走向成功。

我們無法做到一產生憂慮就自行好轉或消除，作為一個普通的人，你是難以左右這些事情的。然而，在大多數情況下，你所擔憂的事情往往不如你所想像的那麼可怕和嚴重，也許想想辦法，或者變換一下環境，某些擔憂變得毫無必要了。

第四課：憤怒

不管你怎樣咆哮大怒，丟失的鑰匙或皮夾都不會物歸原主。

一　怒形於色是你的一種弱點

在生活中，我們常看見我們的親人、朋友發怒，他們要麼煩躁不安，要麼高聲叱罵，這就是人類的一種惡習，常見的發怒情形有以下幾種：

1當他人做事馬虎、丟三納四時動怒——儘管你的怒氣很可能會鼓勵別人繼續我行我素，而你自己也會繼續氣下去。

2對無生命的東西動怒——要是你的腿骨給撞了或大拇指給錘子砸了，尖叫一聲倒可以減輕不少痛苦。但如果你為此大動肝火並做出某種舉動，如用拳頭砸牆，那麼不僅無濟於事，反而會使你更加痛苦。

3因丟失東西動怒——不管你怎樣咆哮大怒，丟失的鑰匙或皮夾都不會物歸原主。相反，它只會阻礙你有效地尋找遺失的物品。

4因個人不能控制的天下大事動怒——你可以不滿意政治局勢、外交關係或經濟狀況，但你的憤怒以及隨之而來的惰性卻不會改變任何現實。

我們列舉了人們可能動怒的若干情況，現在讓我們看看憤怒有哪些主要形式：

1責罵譏諷：經常對愛人、孩子、父母或朋友如此。

2粗暴行為：摔東西、踹門甚至動手打人等。當此類行為走向極端時，便會導致暴力犯罪。

3語言發洩：「他真把我氣死了」或者「你太讓人生氣了」。「宰了他」、「揍扁他們」或「逆我者亡」等等。雖然，你可能會認為這僅僅是講講而已，但這些話卻助長了憤怒情緒和暴力行為，會使友好競賽變成憤怒逞強的暴力爭鬥。

4大發脾氣：這不僅是通常表示憤怒的方式，而且往往使發脾氣的人如願以償。

5嘲弄、譏諷、生悶氣：這些方法同暴力行為一樣，具有很大的破壞作用。

二 走出憤怒的困境

一個人應好好地把握自己的情緒，避免發怒，儘管你有發怒的理由。當然，你需要選擇很多新的思維方式，並且需要逐步實現。每當你遇到使你憤怒的人或事時，要意識到你對自己說的話，然後努力用思維控制自己。從而使自己對這些人或事有新的看法。並做出積極的反應。下面是消除憤怒情緒的十一種方法：

的。

1當你憤怒時，首先冷靜地思考，提醒自己：不能因為過去一直消極地看待事物，現在也必須如此，自我意識是至關重要的。

2當你想用憤怒情緒教育孩子時，可以假裝動怒：提高嗓門或板起面孔。但千萬不要真的動怒，不要以憤怒所帶來的生理與心理痛苦來折磨自己。

3不要欺騙自己。你可以討厭某件事，但你不必因此而生氣。

4當你發怒時，要提醒自己，人人都有權根據自己的選擇來行事。如果一味禁止別人這樣做，只會延長你的憤怒。你要學會允許別人選擇其言行，就像你堅持自己的言行一樣。

5請可信賴的人幫助你。讓他們每當看見你動怒時，便提醒你。你接到信號之後，可以想想看你在做什麼，然後努力延遲動怒。

6在大發脾氣後，大聲宣布你又做了件蠢事，現在你決心採取新的思維方式，今後不再動怒。

這一聲明會使你對自己的言行負責，並表明你是真心實意地改正這一錯誤。

7當你要動怒時，盡量靠近你所愛的人。

8當你不生氣時，同那些經常受你氣的人談談心，互相指出對方最容易使人動怒的那些言行，然後商量一種辦法，平氣靜心地交流看法。比如可以寫信、由中間人傳話或一起去散步等，這樣你們便不會以憤怒相待。其實，只要在一起多散幾次步，你便會懂得發怒的荒謬了。

9當你要動怒時，花幾秒鐘冷靜地描述一下你的感覺和對方的感覺，以此來消氣。最初十秒鐘是至關重要的，一旦你熬過這十秒鐘，憤怒便會逐漸消失。

10不要總是對別人抱有期望。只要沒有這種期望，憤怒也就不復存在了。

11在遇到挫折時，不要屈服於挫折，應當接受逆境的挑戰。

這樣你便沒有空閒來動怒了。

憤怒對你沒有任何好處，它只會妨礙你的生活。同其他所有困境一樣，憤怒使你以別人的言行確定自己的情緒。不要讓別人左右你的情緒，只有這樣，你才能變得快樂，不再動不動就發怒。

三 憤恨比疾病更可怕

有弱點的人總是在為自己的失敗找到代罪羔羊或者託辭，他常常會責怪社會、制度、生活、運氣。他總是對別人得到的成功和幸福耿耿於懷，因為這可以證明自己的生活缺少變化，他受到的待遇不公平。

但是作為失敗的一種慰藉，憤恨比疾病更糟糕。憤恨是毒化精神的毒劑，它使人得不到快樂，並且把爭取成功的巨大能量消耗殆盡。憤恨往往能造成惡性循環。心懷不平而又盛氣凌人的人很難與他人合作，而合作者不夠熱情或者老闆指責他工作的缺陷，會使他又多一層憤憤不平的理由。

憤恨也是使我們妄自尊大的一種「方法」。很多人從「被虧待」的感覺中得到一種不正常的滿足。從道德上講，不公正的犧牲品、受到不公平待遇的人比造成不公平的人更優越一些。

憤恨還是一種「方法」或企圖，用以消除已經發生的、真正的或假想的錯誤和不公。憤恨的人是想在所謂人生的法庭上「打贏他的官司」。如果他能產生足夠的憤恨，從而「證明」不公平，某種神奇的方法也會「澄清」那些使他產生憤恨的環境或事件，以此作為他的一種補償。從這個意義上講，憤恨是對既成事實的一種抗拒和排斥。

憤恨不平即使有真正的不公平和錯誤為基礎，也不是取得勝利的方法，這很快就會成為一種感情習慣。你習慣性地感覺自己是非正義的犧牲品，就會把自己描繪成一個犧牲者的形象。

你懷有一種內在的感情，尋找一種合適的外在藉口，這樣就容易找到不公正的「證據」，或者幻想你被虧待了，即使是對最沒有惡意的話和最沒有偏向性的情況也會如此。

習慣性的憤恨必定會導致自我憐憫，那又是一個人所養成的最壞習慣。當這些習慣根深柢固之後，人離開它們就會覺得不「正常」或不「自然」，並且最終開始尋找「不公平」。有人說，這種人只有在受罪時才會覺得正常。

情緒上的憤恨習慣和自我憐憫同時也會伴隨著一個沒有能力的、低劣的自我意象。你會把自己想像為一個可憐的人，一個犧牲品，永遠得不到快樂。

請記住，你的憤恨不是其他人、事件或環境引起的。它的起因是你自己感情上的反應，只有你自己能夠克制它。

只要你堅定地相信，憤恨和自憐並不是爭取幸福和成功的方法，而是造成失敗和不幸的根源，你就能克服它們。

只要你懷有憤恨之情，就完全不可能把自己想像為一個自信、自立、自強的人，一個「主宰自己靈魂、掌握自己命運」的人。憤恨不平的人把自己交付在別人手裡，由別人來決定他該怎樣感受、怎樣行動。

他完完全全依賴於別人，就像乞丐一樣。他提出不合理的要求，強加在別人頭上。如果別人該做出犧牲使你快樂，那麼事情沒有按照你的意願發展時你也會憤恨不平。

如果你覺得別人永遠「欠」你的情，永遠應該接受或欣賞你的高貴價值，那麼，當這些「債」得不到償還時你也會憤恨不平。如果生活也有欠於你，那麼當生活不太慷慨的時候你仍舊會憤恨不平。

因此，憤恨是和創造性目標追求不一致的東西。在創造性目標追求中，你是行動者而不是被動的接受者。你確立自己的目標，誰也不欠你什麼東西。只有永不停歇地追求遠大的目標，你才能對自己負責，才能有堅定的自信心去分享生活那塊幸福而成功的蛋糕。

四　幽默是消除怒氣的陽光

一個人不能同時表現出生氣和歡笑這兩種表情。怒與笑是相互排斥的，你生氣的同時絕不可能開懷大笑，否則，就會有人送你進精神病院了。

陽光，是萬物生長之源；歡笑，則是人的精神生活的陽光。邱吉爾曾說：「我認為，除非你理解世界上最令人好笑的趣事，否則你便不能解決最為棘手的難題。」

在生活中，有很多人對生活的態度嚴肅得近乎呆板，這當然是一種不可取的態度。只要我們觀察一下周圍那些精神愉快的人就會發現，他們最為明顯的特點就是善意的幽默感。

讓別人開懷大笑，在笑聲中展現五彩繽紛的生活，這是消除憤怒的最佳方法。

對於「幽默」這個詞，我們也許並不陌生，然而，究竟什麼是幽默呢？心理學家認為：幽默是人的個性、興趣、能力、意志的一種綜合體現，它是語言的調味品。有了幽默，什麼話都可以讓人覺得醇香撲鼻，雋永甜美。

它是引力強大的磁鐵。有了幽默，便可以把一顆顆散亂的心吸入它的磁場，讓每個人的臉上綻開笑容。它是智慧的火花，可以說，幽默與智慧是天然的孿生兒，是知識與靈感勃發的光輝。

幽默中滲透著一種堅強的意志。富有幽默感的人往往是一個奮力進取者。著名的發明家愛迪生就是一個善於以幽默來對待失敗，並不斷進取、終獲成功的典型代表。他在發明電燈的過程中，試驗燈絲的材料時，失敗了一千兩百次，總是找不到一種能耐高溫又經久耐用的好金屬。

這時，有人對他說：「你已經失敗了一千兩百次了，還要試驗下去嗎？」「不，我並沒有失敗，我已發現這一千兩百種材料不適合做燈絲。」愛迪生笑著說。

愛迪生就是以巨大的幽默感，從失敗中看到發現，在挫折中受到鼓舞。此外，幽默也能展示人的一種樂觀豁達的品格。

幽默，實在具有神奇的魅力，可以使愁者笑逐顏開，可以使淚水盈眶的人破涕為笑；可以為懶惰者帶來活力，可以為勤奮者驅散疲憊；可以為孤僻者增添情趣，可以使歡樂者更愉悅……

幽默，就是有這樣一種迷人的魅力，真是一種擋不住的誘惑。那麼，當你勃然大怒時，何不嘗試一下幽默的魅力？在我們這個世界上，你的言行以及你是否動怒會產生什麼影響？充其量不過相當於大海中的一滴水。對世界來說無關緊要。只是前者使你精神愉快，後者使你精神痛苦。你的生活是否過於嚴肅，以至於你看不到這種生活的幽默和荒誕之處？

要是一個人從來不笑，那他可能有些變態。每當你的言行過於嚴肅時，必須提醒自己，你所享有的時間只是現在。當開懷大笑可以使你如此愉快時，為什麼要以憤怒折磨自己呢？

開懷大笑吧，為笑而笑，笑不需要理由。笑是生活的陽光，笑是我們奮鬥的動力，笑是挑戰挫折的助推劑。

第五課：虛榮

虛榮心過強的人，很容易被讚美之詞迷惑，甚至不能自持，走向了一個虛幻的世界。

每一個人都有一點虛榮心，這是無可非議的，人之生而為人，總是希望得到別人的贊許。但如果虛榮過了頭，那就有害了。

虛榮的魔鬼阻隔著我們與成功握手，虛榮心過強的人，很容易被讚美之詞迷惑，甚至不能自持，走向了一個虛幻的世界。愛慕虛榮就是太渴望別人的認可，即使明知別人是拍馬奉承他還是願意洗耳恭聽，甚至即使欺騙撒謊來的讚美之詞也不例外。

那麼虛榮如何控制，我們怎麼才能走出虛榮的困境呢？

擺脫虛榮，首先要正確地認識自己。

讓我們先看一看存在虛榮心理的原因吧。這將有助於你想出一些辦法，消除虛榮的心理。下面是人們堅持虛榮的一些常見原因，其中大都是表現性的「好處」，它將人引入困境。

將支配自己情感的責任交付於他人。如果你情緒不佳（消沈、痛苦、抑鬱等）是由於別人不贊許你而造成的，那麼應由他們而不是由你來對你的情緒負責。

如果由於他們沒有給你讚許而導致你情緒不佳，那麼要你做出改變是不可能的，因為你情緒不佳是他們造成的，也是他們的過錯。這樣，他們使你不能改變自己的情緒，因而尋求讚許，使你免於做出改變。

既然他們負有責任，而你又不能做出改變，那你就不必承擔任何風險。因此，堅持尋求讚許的生活方式使你可以避免生活中沒有把握的事情。

降低你的自我形象，促使你產生自我憐憫，以致無所作為。相反，如果你不需要獲得讚許，那麼你在得不到讚許時就不會自我憐憫。

使你更覺得別人必須照顧你，因此你更可以重溫自己的童年，並受到他人的愛撫、保護以及支配。

將自己情緒低落的原因歸咎於他人，這樣，不管你在生活中遇到什麼不順心的事，你都可以找到代罪羔羊。

不無自欺地認為，你所奉為尊者的人對你印象都不錯，因而很是得意，但是內心卻十分不如意。只要別人比你更為重要，那麼外表就比實質更為重要。

從別人對你的注意中求得慰藉，也可以就此向尋求讚許的其他朋友進行吹噓。

使你更適應鼓勵這種行為的文化環境，並為你贏得許多人的讚賞。

其實，別人對你虛榮心的滿足的根本的意義並不大，當別人在恭維你的時候，即使是出於真心，有時也是不假思索地隨便說了幾句，更不用說那些出於某種目的的違心的恭維了。因而，別人對你的讚美，你不必在意，重要的是你必須有堅定的自信心才能面對人生旅途中的風風雨雨。

一 克服虛榮心理的方法

虛榮心過強的人，最容易被一兩句讚美之詞迷惑，而對對方投以信任。這種例子，在生活中是很多的。喜歡被誇獎是每個人的天性，可如果一個人懷有虛無的、不切實際的虛榮心，那就會有很大的麻煩。

事實上，自從有了人類文明，自從有了人類社會，不知有多少好為人師的人、政府官員或各類哲學家、教授等等，都提出了一個又一個的說法，來證明虛榮心是如何如何的不好，應該如何如何地去克服、消除。可是，這麼多年過去了，虛榮心不但沒有消除，反而茁壯成長。這是為什麼呢？其實，科學家們，包括心理學家和精神病學家，包括人類學家，都已經指出，虛榮是人的必然，虛榮是人性的一部分。

雖然克服虛榮心理十分困難，但並不是一定不能克服，只要我們找到正確的方法，一樣可以將虛榮這一人性弱點去掉。

1正確認識自己。

只有正確認識自己，才不會因別人的讚美、恭維而迷失方向，而不知自己到底是誰。

2正確認識周圍的人。

只有正確認識自己周圍的人，才不會為他們所認可的各種各樣的價值標準、審美標準所迷惑。因為，他們的標準不一定是準確的，也不一定是符合自己的。

3認清時代的真相。

每個人都容易迷失在時代中。每個人所處的時代標準都不相同，世界上沒有哪個標準是人類的永恒標準，所以，我們應該認清時代的真相。

4不要理會別人的冷嘲熱諷。

別人的冷嘲熱諷算得了什麼呢？它與你到底有什麼關係？

5不要帶著消極的情緒進行人際交往。

帶著消極情緒進行社交，容易引起別人的同情，別人就會給你各種各樣的勸告。而實際上這些勸告可能是很糟糕的。

6制訂並力行自己的目標。

朝著既定的目標勇敢前進，不要因為一些外在的因素而放棄。只有目標堅定，才會不為別事所動。

7有主動性地創造生活。

自己的生活要靠自己創造，只有自己創造的生活，才是有意義的。而為了在別人面前掙面子，或者炫耀，而尋求各種機會來製造生活，那是毫無意義的。

二 切忌驕傲和抱怨

有人說，告別幸福是智慧的開始，並且是最終找到幸福的必經之路。沒有任何快樂比得上放棄快樂所帶來的愉快，因為沒有任何事物可以更加深切、更加精妙，給人更多的快樂和安慰，這就像幻滅之後重新發現令人欣喜若狂的東西一樣。

我們向別人宣告，我們非常滿足，而我們覺得滿足的事物簡直微不足道，不值一提，這是因為我們內心深處隱含著難以言說的驕傲，最可憐的驕傲。

這樣的滿足實際上不過是遺憾罷了，它太遲鈍呆板，抬不起自己的頭；那些不再願意繼續探索，瞭解真相的人都只會抱憾不已。

那些認為自己有責任斷然放棄所有幸福的人，是不是同時也放棄了還沒有轉化成幸福的某些事物呢？況且，除此之外，我們曾經告別的快樂到底是什麼呢？當然，棄絕所有損害別人利益的幸福是對的；但是在哲人眼中，損害他人利益的幸福已經不再是幸福。

他只會在最終發現更加澄明深厚的幸福，那麼在無意中他是否放棄了所有次要的價值呢？

你千萬不要把信仰建立在以鄙視某種現存事物為基礎的智慧或快樂上面；因為對什麼都看不慣和對什麼都牢騷滿腹——牢騷是惹人鄙視生厭的後代——它只是為那些衰老病弱的人提供的避難所。

我們有權力嘲笑某種快樂，只有當這嘲笑完全是無意識的，我們才可以這樣做。

但是只要我們聽到自以為是和鄙夷、譴責的聲音，只要我們容忍它們在我們的心中氾濫，使我們痛苦不堪，那麼我們棄絕的快樂就應該是我們仍然執著以求的快樂。

我們必須警惕自己的靈魂不要潛入某些寄生性的美德。牢騷往往只是寄生蟲。即使它沒有使我們內在的生活變得虛弱不堪，也不可避免地會使我們的靈魂搖擺不定，遊移不安。就像蜜蜂在外來物闖入蜂房會停止工作一樣，美德和靈魂的力量也是如此，如果牢騷和自高自大闖了進來，它們會丟開所有的工作，熱切地包圍在這個客人身邊，好奇地問這問那，而這個客人喚醒了我們靈魂深處的驕傲；因為只要發牢騷是自己的主要意識，幸福就只能在驕傲中找到自己真正的根源。

如果有人事事牢騷滿腹，抱怨不斷的話，他最好首先放棄自己的驕傲為他帶來的愉悅，因為，驕傲和抱怨都是愛慕虛榮並具有欺騙性的。

第六課：貪婪

貪婪的可怕之處，不僅在於摧毀有形的東西，而且能攪亂一個人的內心世界。人的自尊，人所恪守的原則，都可能在貪心面前崩毀。

一 莫讓貪婪摧毀你

人生之中，你多少會遇到一些陷阱，而這些陷阱之中，最為可怕的一種是你親自挖掘的陷阱——貪婪。因為貪心，你會忽略你的弱點，不顧一切去滿足你的欲望。這時，即使危險擺在你面前，你也無法去理會、去避讓，貪心遮住了你的

眼，使你無法看到危險所在。

據說東南亞一帶，有一種捕捉猴子的方法非常有趣。它的奧妙所在，就是利用了一個「貪」字。

當地人用一個木箱子，將一些美味的水果放在裡面，箱子上開了一個小洞，大小剛好夠猴子的手伸進去。

如果猴子抓了水果，手就抽不出來，除非它把手中的水果丟下，但大多數猴子不願把手中的東西放掉，以致當獵人來的時候，不需要費什麼力，就可以很輕易地捉住牠們。

人們可能會笑，猴子真傻。但是人們又何曾想到，自己有時的行為正和這樣的猴子一樣。為了一些蠅頭小利，人們可能不惜犧牲自己的健康、時間、道德原則，而自己卻不自知。

貪婪的可怕之處，不僅在於摧毀有形的東西，而且能攪亂一個人的內心世界。人的自尊，人所恪守的原則，都可能在貪心面前垮掉。

有一個走私客，由於警方追捕得很緊，一時無處藏身。於是，他靈機一動，帶著所有的走私貨，躲到一家破舊的教堂中，並且請求教堂裡的老牧師，答應他把這些走私品藏到教堂的閣樓裡。他想警方一定想不到這些東西藏在教堂中，所以萬無一失。這位虔誠的牧師當然立即拒絕了走私客的要求，並且要此人馬上離開，否則他要報警處理了。

「我給你一筆錢，以報答你的善行，你看二十萬元怎麼樣？」走私客一再地拜託著。

老牧師堅定地說：「不！」

「那麼五十萬呢？」

老牧師依舊拒絕。

「一百萬元好嗎？」走私客仍不死心。

老牧師突然大發雷霆，用力把那人推到外面去，說道：「快給我滾出去，你開的價錢，已經快接近我心裡的數目了。」

故事中的老牧師，還算得上一個有自知之明的人。他知道自己的心理防線，也知道自己在重金面前擋不住誘惑。但生活中的你呢，在形形色色的誘惑面前，能保持一顆知足的心嗎？

貪者的心裡一心想著的是「拿來」。這個念頭往往佔據了他的整個心，而把其他的善念都擠了出去。

下面的這則小寓言，將貪者的心態刻畫得相當形象。

有一隻蒼蠅對蜜蜂說：「為什麼人類都喜歡你，卻非常討厭我呢？」

蜜蜂回答說：「因為我為人類服務，製造蜂蜜給他們，而你有沒有為人類做什麼事情呢？」

蒼蠅生氣地說：「為什麼我要為人類做事？他們都十分吝嗇，只要我吃了他們一點點的食物，他們就會追著打我，我多希望身上有一根刺，可以狠狠地刺他們。」

這是隻可恨的蒼蠅。貪婪佔據了它的心，它當然無法理解蜜蜂的付出。所以，現實生活中，貪者常常嘲笑奉獻者，說他們傻，說他們沒有經濟頭腦。然而，真正要嘲笑的正是那些貪心的人，他們自認為佔有了財富，而實際上是財富佔有了他們，他們被財富牽著鼻子走。

貪心的人很像沙漠中的寸草不生之地，吸收一切雨水，卻不滋生草木以方便他人。如果你有貪婪的這一人性弱點，你一定要設法消除它，因為它是一個陷阱，它會將你拖進永無寧日的境地。

第七課：盲目

沒有正確的判斷，就會面臨更多的失敗和危急關頭。在失敗和危急關頭保持冷靜是很重要的。

真正成大事的人都有一個良好的性格：在做事之前，一定要決策正確。沒有正確的決策，只能盲目行動，等於已經走向了失敗！

決策決定行動的方向。那些成大事的人，都是正確決策的操縱者。很顯然，成大事源自於正確的決策，正確的決策源自於正確的判斷，正確的判斷源自於經驗，因而人生中那些看似錯誤或痛苦的經驗，有時卻是最寶貴的財產。

在你縱觀全局，果斷決策的那一刻，你的人生便已經注定。兩智相爭勇者勝，成大事者之所以為成大事者，乃在於他決策時的智慧與膽識，能夠排除錯誤之見。

正確的判斷是成大事者一個經常需要訓練的素質。為什麼呢？因為沒有正確的判斷，就會面臨更多的失敗和危急關頭。在失敗和危急關頭保持冷靜是很重要的。有人面對危難，狂躁發怒；成大事者臨危不亂，沈著冷靜，理智地應對危局。

一位空軍飛行員說：「二次大戰期間，我獨自駕駛一架戰鬥機。頭一次任務是轟炸、掃射東京灣。從航空母艦上起飛後，一直保持高空飛行，然後再以俯衝的姿勢滑落至目的地三百英尺上空執行任務。」

「然而，正當我以雷霆萬鈞的姿勢俯衝時，飛機左翼被敵軍擊中，頓時翻轉過來，並急速下墜。」

「我發現海洋竟然在我的頭頂。你知道是什麼東西救我一命的嗎？」

「在我接受訓練的期間，教官一再叮嚀說，在緊急狀況中要沈著應付，切勿輕舉妄動。飛機下墜時，我就只記得這麼一句話，因此，我什麼機器都沒有亂動，我只是靜靜地想，靜靜地等候把飛機拉起來的最佳時機和位置。

最後，我果然幸運地脫險了。假如我當時順著本能的求生反應，未待最佳時機就胡亂操作了，必定會使飛機更快下墜而葬身大海。」他再強調說，「一直到現在，我還記得教官那句話：『不要輕舉妄動而自亂腳步；要冷靜地判斷，抓住最佳的反應時機。』」

保持冷靜的頭腦首先要相信自己的頭腦，不要由於缺乏必須的力量，就否定一個可能的觀念或構想。反之，你要執著於偉大的，值得為之奮鬥的構想——克服各種難題。

要把不可能化為可能，我們要有人力、財力與物力。就算你什麼都沒有，只要你肯花時間精力去開拓人力與財力的資源，那麼對你而言，幾乎沒有事情辦不到的。有這樣一則小故事：

有一個十六歲的男孩，有一天，當父親在一輛卡車下工作時，他突然發現千斤頂歪了，卡車落了下來。男孩眼見父親快被壓死，立即抓住擋泥板，把車子拉了起來，讓他父親從車下爬了出來。這輛卡車有一千三百多公斤重。如果在平時，這個男孩根本拉不動這輛車。

任何時候，我們都應該記住，我們自己的潛能還遠遠沒有發揮。科學家告訴人們，平時使用潛能的充其量也只有我們全部潛能的十分之一。這話可能有點誇張，但有一點可以肯定：如果我們有較強的自信心的話，我們的表現會比現在更好。

成大事者善於強化自己反覆判斷的習慣，從判斷的習慣中找到突破常規的辦法，又從辦法中找到新的創意。

判斷的形式是多種多樣的，但是從反面判斷尤為重要。我們通常會提到兩種判斷的動力——建設性的判斷動力和破壞性的判斷動力。在這裡我們關注這樣一個問題：成大事者是如何運用這兩種判斷的動力的。

對潛意識來說，建設性的判斷動力和破壞性的判斷動力是沒有什麼兩樣的。推動工業巨輪的電力，如果用在建設性的方面，可以提供有益的服務；如果用在破壞性的方面，也可以終結生命。自我暗示的運作法則也是一樣，依賴你運用它的方式，以及你的理解力，來決定是引導你走向和平繁榮，還是走向失意、落魄和死亡。

如果你對自己的能力持有懷疑、恐懼和不信任的心理，自我暗示就會奉行這一個不信任的意念，你的潛意識就會遵循這個意念，將之轉化為實質的對應事物。

水能載舟，亦能覆舟。自我暗示的法則也是依你如何揚起「思維」的風帆，來決定是助你一臂之力，還是落井下石。

對於自己的否定形象，我們必須肯定正確使用之下的「否定判斷」，我們需要知道否定面，才能避開它們。打高爾夫球的人，需要知道坑窪與沙坑的地方，但是他不會一直想著不打入坑窪，他的心「注視」著坑窪，但卻專注著那片草地。正確利用這種「否定的判斷」，可以引導我們走向成大事之路，但有幾點必須注意：

(1)對否定面的注意程度，只要足以使我們警覺到危險即可。

(2)我們要認清否定面所代表的意思——代表我們所不希望的東西，代表不會帶來真正幸福的東西。

(3)我們要採取補救的行動。

成大事者常常從反面去判斷問題，去總結教訓，為下一次成大事獲得經驗。如果在做事之前，沒有正確的判斷，很難想像一個人要想成大事，去發揮自己的所謂生存的優勢，是多麼可笑的一件事。

一 如何克服盲目的弱點

如果一個人的目標錯了，而他仍要奮力向前，而且又自以為自己意志堅定、態度堅決，那麼，它導致的惡劣後果，恐怕比沒有目標或猶豫不前更為可怕。

盲目心理能讓任何一個人付出慘重代價。

盲目帶給人的是災難，而不是成功的幸福。我們每個人都一樣，為了事業的成功，或者愛情的成功，容易無所顧慮，勇往直前，這本來是好事，然而一旦走錯路，結果就會適得其反。

下面幾點是控制盲目的要訣：

(1)要豐富知識，增長見識。

知識豐富、見識廣泛的人，是不會固執於一己之見而不放的。因為他知道自己所思所想，只是人類千千萬萬個所思所想中的一個。

(2)要理解別人，體貼別人。

盲目，許多時候只是因為對別人的排斥。如果能夠做到理解別人、體貼別人，那麼就能少一分盲目。

(3)對自己的目標要明確。

目標越是曖昧不明，越容易盲目。因為，當我們制訂一個目標後，我們總是想執行它。雖然目標曖昧，但是畢竟是我們自己制訂的，所以我們總是想以自己的方法去證明自己是對的。結果反而適得其反。這種事情，屢見不鮮。

(4)因勢利導。

要徹底摒棄一種心理是十分困難的，而如果因勢利導，不去拋棄它，而是改造它，那就會容易些，甚至還會收到意想不到的良好的效果。

(5)不要隨波逐流。

見。

不要以為別人的堅持己見總是對的，不要因為為了向別人看齊也跟著堅持己見。

記住：有的時候堅持己見可能是一種錯誤。

(6)要善於發現別人的需求。

只要善於發現別人的需求，站在別人的立場看待問題，那麼，你就會發現固定在某一個立場上，固定在自己的立場上，有時顯得多麼傻。

(7)多與思想開放的人交往。

當你與思想開明的人、思想開放的人交往的時候，會受其影響，你會變得同樣的開明、同樣的開放。所謂「近朱者赤」就是這個意思。所以，多與這樣的人交往，會讓你消除自己的盲目。

(8)確立正確的人生價值觀。

確立正確的人生價值觀，你才會不盲目。因為正確的人生價值觀中是沒有盲目這個詞的。

(9)要善於夢想。

善於夢想的人，是頭腦靈活的人。在他的心中，永遠有不斷開放的未來，有變化著的前景。控制盲目的人，是一個會接受別人意見的人，一個充滿活力的人，一個有著生命熱情的人，一個有事業前途的人。

第四卷引爆潛能——喚醒你心中沈睡的巨人

第一課：開發潛能要挖掘自我

好好思考你目前所持的價值觀，它們是怎麼塑造出今天的你。

瞭解你自己

在特爾斐阿波羅神殿的牆壁上，刻有這樣的壁文，「瞭解你自己」。這是每個人必須瞭解，而且一生中都不能忘記的最重要的座右銘。瞭解自我貫穿於人生的始終，也是一個人畢生事業及生活之路的重要依賴。

可以說，選擇一項事業就是選擇一種生活。為了創造性地工作，一個人對職業的選擇活動，必須建立在他從事某種工作的「內心傾向」基礎之上。

我們把存在生命器官之中的、繼承而來的，並且是先天具有的才能稱為「潛在才能」。在這些潛能中，通常有一種是最引人注目和最顯著的。

當一個人具有了發展這種潛能的機會，利用起他生命中的最優良素質，那麼我們就稱之為理想的人生。也就是說，這個人發現了他的人生支點，找到了真正的所謂「內心傾向」，這樣做就使得他的個人效率達到最大化。我們要尤其重視這一點，把自己的才能按照適用、能勝任和最有效率的原則分配在各項工作之中。

今天，我們每一個人都必須比昨天更加努力地在各自的工作中富有創造性、勤奮性和孜孜不倦的精神。為了達到這一點，一個人必須從事自由的和創造性的、有趣味的職業。這正是恩格斯所說的「人類生存的自然條件」和「一種代替了負擔的快樂」。

同樣，個人潛能的發揮在很大程度上也依賴於一個人的專長，或從事某種工作的內心傾向，是否與他的那些才能相適應。只有稱心如意的職業，才能夠同時帶來幸福和自我實現。一個人得到職業滿足和在生活中找到自己適當的、必要的位置，可以帶來其他任何方面的成功都不能替代的振奮和愉快，從而最大限度地激發潛能。

人與工作的和諧搭配及其相互作用，培育著人們提高和增進才能。對已耕耘過的天資而言，工作使它變得更加成熟，工作也發展了自然饋贈的潛能。

人與工作的和諧搭配，自然具有一種強大的能量，這一點常常在那樣一些人的生活中看到——他們工作就像唱一首歌一樣輕鬆、靈巧，並且做任何事情都得心應手。此時可以說，這些人具有做這類工作的能力，或說他們能充分發揮自己的潛能。

「做的技藝出自做的過程」，自然，你不開口，永遠也不能說你會唱歌或有一副好嗓子。嘗試是認識自己的所謂「內心傾向」的最主要途徑。

只有在工作的環境中，在工作的集體中，在創造的痛苦中，一個人才能夠發現充分表現自己才能和天資的天地，並塑造自己的個性，發揮無限潛能。

由於當今世界職業種類繁多，如何能夠避免職業選擇與自己的「內心傾向」的錯位，這種判斷變得困難了。發現一個人的「內心傾向」不是件容易的事，而且也不是每一個人都能夠在這方面成功。因此，很有必要來重複這樣一句格言：「沒有缺乏天資的人，但有些人在職業選擇上誤入了歧途。」

對一個局外人來說，塞瑞特可能被視為春風得意的青年。他僅僅二十歲出頭，已在科技學院讀書四年。他是一個優秀的學生，而且因為工作上的成績獲得過獎金。但是，當人們問他是否幸福時，他感到「喉嚨堵塞」。

他說：「你明白，我在四年裡一直是機械地做完了各種事情：考進了學院，通過了各種考試，甚至微笑過。但我的確不記得曾有真正的激動。所有這些都是因為我不喜歡我未來的職業。不，我永遠也不會成為一名優秀的工程師。」

從事一項「錯誤的職業」，處境非常艱難。它使一個人喪失工作的興趣，遭受過度的緊張和勞累，形成一個上班時數時度日的難以忍受的習性，人也變得遲鈍、呆板，更談不上發揮潛能。

有的人非常幸運地在兒童時代顯示了他們的「第一潛能」。於是，家庭和社會通常都開始培育這些先天的才能。如果一個人在年輕時就捕捉到他的才能訊號，就能發現他的「內心傾向」，那自然是很理想的。遺憾的是，事情並不總像這樣順利。更多的人對自己的能力幾乎一無所知，對如何發現自己的能力也一無所知。所以，他們尋找理想的職業就花費了相當長的時間。

誰幫助我們發現和發展我們的能力呢？家庭、朋友、同事——實際上每個人都在某種程度上發揮了作用。但是，任何人都不及我們自己在發現我們潛能方面的作用更大。

所以說，要發揮潛能，就要瞭解你自己，就要有自知之明。

一 擁有自己的寶地

古代有個印度人，名叫阿里，是個富裕的農夫，一心想要挖掘埋藏鑽石的土地，於是把家產全都賣掉，然後到處旅行，最後終於窮困潦倒，客死他鄉。誰也沒想到，他所賣掉的土地中，竟然埋有世界上最大的鑽石。

這個故事說明人們不重視自己所擁有的東西，卻愚昧地向外求發展。

想想看，在你自己身邊早就擁有「鑽石的土地」，可不要「身在福中不知福」才好。

二 把握人生的指南針

相信你一定遇到過棘手的情況，遲遲下不了決定。這其中的原因乃是你不知道這種情況下什麼是最重要的價值。

事實上，一切的決定都植根於清楚的價值觀。有傑出成就的人，必然能很快做出決定，那是因為他清楚地知道自己人生中最重要的價值何在。價值觀有如人生的指南針，引導人通過人生中各種困境。不同的價值觀，帶給人不同的人生；無論任何人，他的價值觀只能是經過他自己痛苦的選擇後才決定下來的。

海倫是個地方報紙的專欄作家，專門報導內幕新聞，薪水很高，朋友都覺得她很幸運，然而，她從來就沒有感受到成功。

為什麼？因為她非常重視人道主義：她喜歡幫助人，她需要幫助人。寫這種專欄不但不能滿足她幫助人的欲望，還令她有剝削別人的感覺。

也許別的人不會有這種感覺，也許別人喜歡寫這種專欄。可是最重要的是：海倫有不好的感覺，她根本就不喜歡寫這種專欄。寫這種專欄，對她來講，就是一種自己害自己的決定。看不起自己的工作，使得她看不起自己，也使她覺得不成功。

假如海倫清楚自己的價值觀，接受自己的價值觀，那麼她一定會找個新的工作，也許就是改寫能幫助人的專欄。

什麼叫作價值觀？簡單地說，就是每個人判斷是非黑白的信念體系，引導我們追求所想要的東西。

我們一切的行為，都在於實現我們的價值觀，否則就會覺得人生有缺憾，沒有意義。價值觀會主宰我們的人生方式，影響我們對周圍一切的反應。

價值觀頗似電腦的執行系統，雖然你可以輸入任何的資料，但電腦是否接受或運行，還得看執行系統是否先設定了相關的程式。價值觀就是我們腦子裡判定是否執行的系統。

有什麼樣的決定，就會造成什麼樣的命運，而主宰我們做出不同決定的關鍵因素就是個人的價值觀。愛因斯坦說：「一個人的真正價值首先決定於他在什麼程度上和在什麼意義上從自我解放出來。」

一個人要想體認自己的人生價值，他就必須清楚知道自己的價值觀，同時確實按照這個價值觀過其人生。一個人只要改變自己先前的信念，能夠始終盯著更高的價值標準，那麼他的潛能就會有更大的發揮，人生也因此大大地改觀。

不屬於你的東西，你不必假裝擁有；屬於你的東西，你更不必否認。假如你喜歡自主，很好！假如美麗的環境對你很重要，很好！你的價值觀是你本質的一部分，因此，要想做一個誠摯的人，你必須先得瞭解和接受自己的價值觀。

如果我們不知道自己人生中什麼是最重要的——什麼價值是我們確實應該堅

持的──那麼怎會知道該建立什麼樣的人生價值？又怎樣能知道該做出何種有效的決定？

不管你的價值觀是什麼，但千萬別忘了，它就是你人生的指南針，引導著你人生的去向，每當你面臨選擇的關頭，它就會為你做出決定，使你拿出必須的行動。

這個指南針如果你使用不當，就會給你帶來挫折、失望、沮喪，甚至人生就此掉進陰暗的世界；然而你若使用得當，它就會帶給你無比的力量，令人生充滿自信。不論處在任何狀況都抱樂觀態度，這是許多成功人士所共有的一個特質。

好好思考你目前所持的價值觀，它們是怎麼塑造出今天的你的。今後你要堅守正確的價值觀，修正錯誤的價值觀，因為你的一切決定都受制於所持的價值觀，半點都由不得自己。

一旦你知道了自己的價值觀為何，就會明白何以會走那樣的人生方向；此外當你知曉自己的價值體系，也就會明白為什麼有時候會難以下決定，為什麼內心有時候會掙扎。

馬斯洛說過：「音樂家作曲，畫家作畫，詩人寫詩，如此方能心安理得。」當你知道了自己的價值觀後，就能更清楚明白自己的作為，不會今天一下子向東、明天一下子向西。

每個複雜的體系，不論它是一部機器，或是一台電腦，其各部分結構都得諧調一致、相互支持，方能達成最佳的動作；如果各行其事，沒多久便會故障。人類也不例外。我們的行為若無法與內心最重要的願望相符，那麼便會在內心產生對立，成功也就遙遙無期了，更甭談什麼發揮潛能了。

如果一個人正在追求某件東西，但在內心裡卻與是非黑白的信念相衝突，那他就會陷於內心混亂的地步。

我們若想發揮潛能，若想能改變、成功、興盛，就得清楚自己以及他人的法則，同時確實知道衡量成敗的標準。否則，我們只是個富有的乞丐。

更好地發揮潛能和你的價值觀是分不開的。許多人犧牲自己的價值觀，去做自己不願意做的事，這就是他們不能發揮他們潛能的原因。

該做老師的人做了企業家，該做企業家的人卻跑去當老師；該做管理員的跑去做推銷員，該做律師的跑去當醫生，應該做醫生的卻自己創業做老闆——這種錯行的人太多了。他們注定要失敗，因為他們沒有選擇能激發潛能的生活……

要想發揮潛能，要想成功，你一定得表現你的價值觀。

所有的價值觀都是中性的，無所謂好的價值觀與壞的價值觀。渴望權力沒什麼不好，因為權力是中性的。重要的是你運用權力的方式是建設性的還是破壞性的，你有可能當希特勒，也有可能當甘地，全看你怎麼利用這些價值觀構成你的因素罷了。

第二課：開發潛能要相信自己

凡是想成功的人，凡是不甘現狀、渴望進取的人，都要相信自己的力量，不為各種干擾所左右，朝著既定的大目標勇往直前。

一 信念左右命運

要想使自己成功，除了弄清自己成為成功者的才能外，最根本最重要的是毫無倦怠地持續工作。所有獲得成功的人從自己的切身感受中發現，唯有信念才能左右命運，因而他們只相信自己的信念。

人的潛在意識一旦完全接受自己的要求之後，他的要求便會成為創造法則的一部分，並自動地運作起來。人必須相信自己所想要相信的事。這樣，就會在自己的潛意識中得到真正的印象，而自己的潛意識也會因印象的程度而適當地做出反應。

普通人認為辦不成的事，若當事人確實能從潛在意識去認定可能辦成，事情就會按照當事人信念的程度如何，而從潛能中流出極大的力量來。此時，即使表面看來不可能辦成的事，也可能辦成。

生活中，常有這樣的事：醫生已判定某患者的病無法治癒或某人是癌症末期，但患者卻抱著「一定會好」或「我的病不像大夫說的那麼嚴重，我會好的」這種堅強信念，病後來真的就完全治好了，或癌症晚期的悲慘結局根本就沒有出現。這類事古今中外不勝枚舉。

工作也是一樣。在經濟不景氣的氛圍中喘息奔波而最終嶄露頭角、獲得成功的例子也不在少數。其原因就是，任憑別人怎麼說「那不可能」、「誰也無法成功」，而自己卻抱定「我一定要做出成績讓人看看」的堅定信念而努力拚搏所致。

有兩名年屆七十歲的老太太：一名認為到了這個年紀可算是人生的盡頭，於是便開始料理後事；另一名認為一個人能做什麼事不在於年齡的大小，而在於有什麼樣的想法。

於是，後者在七十歲高齡之際開始學習登山，隨後的二十五年裡，一直冒險攀登高山，就在最近，她還以九十五歲高齡登上了日本的富士山，打破了攀登此山的最高年齡紀錄。她就是著名的胡達．克魯斯老太太。

影響我們人生的絕不是環境，也不是遭遇，而是我們持有什麼樣的信念。

之所以產生如此奇蹟般的結果，原因有兩個方面。

一是擁有絕對可能的信念，便會在心底裡播下良好的種子，從心底引發良好的作用；二是那個絕對不可能的信念到達潛能後，會從潛能那裡流出無限的能力來。

世上許多令人無法相信的偉大事業，卻有人去完成了。究其原因，無非是那些人具有不怕艱難險阻的堅強信念，堅信自己永保無窮的力量。

凡是想成功的人，凡是不甘現狀、渴望進取的人，都要相信自己的力量，不為各種干擾所左右，朝著既定的大目標勇往直前。

02 信念激發潛能

一個人做任何事不是沒有原因的，我們做的每一件事都是根據自己的信念，有意或無意地導向快樂或避開痛苦。如果你希望能夠徹底改變自己舊有的習慣，那麼就得從掌握行為的信念著手才行。

信念可以激發潛能，也可以毀滅潛能，就看你從哪種角度去認識。

信念何以對我們的人生有這麼大的影響？事實上它可以算是我們人生的引導力量。當我們人生中發生任何事情時，腦海裡便自然會浮現出兩個問題：這件事對我是快樂還是痛苦？此刻我得採取什麼行動，才能避開痛苦或得到快樂？這兩個問題的答案是什麼，就全得看我們所持的是哪種信念。

信念不是自然生成的，而是我們從過去的經驗中累積而學會的，它是我們生活中行動的指標，指出我們人生的方向、決定我們人生的品質。

人生十之八九是不如意的，其中甚至於有極為痛苦的遭遇，要想活下去非有積極的信念不可，這是心理醫生維克多．佛朗凱從奧斯維辛集中營的種族屠殺事件中發現的道理。

他注意到凡是能從這場慘絕人寰的浩劫中活過來的少數人都有一個共同的特徵，那就是他們不但能忍受百般的折磨，並且能以積極的信念去面對這些痛苦，他們相信自己有一天會成為活生生的見證，告訴世人不要再發生這樣的慘劇。

信念也像指南針和地圖，指引出我們要去的目標，並確信必能到達。然而沒有信念的人，就像少了馬達缺了舵的汽艇，不能動彈一步。所以在人生中，必須要有信念的引導，它會幫助你看到目標，鼓舞你去追求，創造你想要的人生。

NBA的夏洛特黃蜂隊一號博格斯身高只有一百六十公分，但這個矮子可不簡單，他曾是NBA表現最傑出、失誤最少的後衛之一，不僅控球一流，遠投精準，甚至在長人陣中帶球上籃也毫無所懼。

博格斯是不是天生的好手呢？當然不是，而是意志與苦練的結果。

博格斯從小就長得特別矮小，但卻非常熱愛籃球，幾乎天天都和同伴在籃球場上練習，當時他就夢想有一天可以去打NBA，因為NBA的球員不只待遇奇高，也享有很高的社會評價，是所有愛打籃球的美國少年最嚮往的夢。

每次博格斯告訴他的同伴：「我長大後要去打NBA。」所有聽到的人都忍不住哈哈大笑，甚至有人笑倒在地上，因為他們「認定」一個一百六十公分的矮子是絕不可能打NBA的。

他們的嘲笑並沒有阻斷博格斯的志向。

他用比一般人多幾倍的時間練球，終於成為全能的籃球運動員，也成為最佳的控球後衛。他充分利用自己矮小的「優勢」，行動靈活迅速，像一顆子彈一樣，運球的重心最低，不會失誤；個子小不引人注意，抄球常常得手。

現在博格斯成為有名的球星了，從前聽他說要進ＮＢＡ而笑倒在地上的同伴，現在常炫耀地對人說，他們小時候是和黃蜂隊的博格斯一起打球的。

真的，世界上沒有任何力量像信念這樣，對我們的影響如此巨大。

人類的歷史，從根本上說是信念的歷史。

像哥白尼、哥倫布、愛迪生或愛因斯坦等人，他們何嘗不是改變歷史，也改變我們信念的人。

若有人想改變自己，那就先從改變信念開始；如果想效法偉人，那就效法他成功的信念吧！

三　信念的威力

一個人擁有絕對的信念是最重要的，只要有信念，力量會自然而生。

一九五一年，世界著名游泳選手弗洛倫絲．查德威克成功地隻身橫渡英吉利海峽，創下一項非同凡響的紀錄。

一九五三年，她決定再次衝擊人類極限，創造一個新的紀錄——她要從卡德林那島游向加利福尼亞。

就在這一年的某一天，當她游近加利福尼亞海岸時，她嘴唇凍得發紫，全身一陣陣顫抖。她已經在水裡泡了十六個小時，前面大霧籠罩，看不見海灘，而且也難以辨認伴隨她的小艇。

查德威克感到自己已精疲力盡了，更使她灰心的是在茫茫大海中看不到海岸，她失去了繼續向前的信念。她感到再也難以支持了，於是向小艇上的人請求：

「把我拖上來吧，我不行了。」

「只有一英里了，目標就在眼前，放棄就意味著失敗。」

濃霧使查德威克看不到海岸，更遮住了她內心中的強烈信念，她以為別人在騙她。

「把我拉上來吧。」她再三請求。

於是冷得發抖、渾身濕淋淋的查德威克被同伴拉上了小艇。

此時，距離海岸還不到一個小時的游程。

這件事過了不久，查德威克認識到，其實，妨礙她成功的不是大霧而是她內心的疑惑。是她自己讓大霧擋住了視線，迷惑了心靈，先是對自己失去了信心，然後才被大霧俘虜了。

兩個月後，查德威克又一次嘗試著游向加利福尼亞。濃霧還是籠罩在她的周圍，海水還是冰冷刺骨，同樣還是望不見海岸。但這次她堅持了下來，她知道陸地就在前方，她奮力向前游，因為，陸地就在她的心中，信念就在她的心中。最後她成功了。

查德威克在兩次自我能力的挑戰中，信念使得她戰勝了自己內心的害怕和失望。最終她征服了海峽也征服了自己。

任何人都可以使夢想成為現實，但首先你必須擁有能夠實現這一夢想的信念。千萬不要讓形形色色的霧迷住了你的眼睛，不要讓霧俘虜了你。你面臨的霧也許不是彌漫在加利福尼亞上空的，它們在任何時候、在任何地方都可能會出現。

信念在人的精神世界裡是挑大樑的支柱，沒有它，一個人的精神大廈就極有可能會坍塌下來。

信念是力量的源泉，是勝利的基石。

這就是信念產生的威力。信念是一種指導原則和信仰，讓我們明白了人生的意義和方向；信念人人都可以支取，並且取之不盡，用之不竭；信念像一張早已安置好的濾網，過濾我們所看到的世界；信念也像腦子的指揮中樞，指揮我們的腦子，照著信念所相信的，去看事情的變化。

四 信念敲開成功之門

卡薩爾斯已經九十多歲了，他是那麼的衰老，加上嚴重的關節炎，不得不讓人協助穿衣服。走起路來顫顫巍巍，頭不時地往前顛；雙手有些腫脹，十根手指像鷹爪般的勾曲著。從外表看來，他實在是老態龍鍾。

就在吃早餐前，他貼近鋼琴——那是他擅長的幾種樂器之一。很吃力地，他才坐上鋼琴凳，顫抖地把那勾曲腫脹的手指抬到琴鍵上。

剎時，神奇的事發生了。卡薩爾斯突然完全變了個人似的，透出飛揚的神采，而身體也跟著開始動作並彈奏起來，彷彿是一位健康的、有力的、敏捷的鋼琴家。

他的手指緩緩地舒展移向琴鍵，好像迎向陽光的樹枝嫩芽，他的背脊直挺挺的，呼吸也似乎順暢起來。是彈奏鋼琴的念頭，完完全全地改變了他的心理和生理狀態。

當他彈奏鋼琴曲時，是那麼的純熟靈巧、絲絲入扣；隨著他奏起布拉姆斯的協奏曲，手指在琴鍵上像游魚般的輕快地滑逝。

他整個身子像被音樂融解，不再僵直和佝僂，代之以柔軟和優雅，不再為關節炎所苦。在他演奏完畢，離座而起時，跟他當初就座彈奏時全然不同。他站得更挺，看來更高，走起路來也不再拖著地。他飛快地走向餐桌，大口地吃著，然後走出家門，漫步在海灘的輕風中。

卡薩爾斯熱愛音樂和藝術，那不僅曾使他的人生美麗、高貴，並且仍每日帶給他神奇。就因為他相信音樂的神奇力量，使他的改變讓人匪夷所思；就是信念，讓他每日從一個疲憊的老人化為活潑的精靈。說得更玄些，是信念，讓他活下去。

一個有信念的人，所發出來的力量，不下於九十九位僅心存興趣的人。這也就是為何信念能開啟卓越之門的緣故。

當我們內心相信，信念便會傳送一個指令給神經系統，我們便不由自主地進入信以為真的狀態。若能好好控制信念，它就能發揮極大的力量，開創美好的未來；相反的，它也會讓你的人生毀滅。是信念幫助我們挖掘出深藏在內心的無窮力量。

蒙提．羅伯茲的父親是位馬術師，他從小就必須跟著父親東奔西跑，一個馬廄接著一個馬廄，一個農場接著一個農場地去訓練馬匹。

由於經常四處奔波，他的求學過程並不順利。中學時，有次老師叫全班同學寫報告，題目是〈長大後的志願〉。

第三課：開發潛能要目標明確

不管遇到多少麻煩，絕不要輕易放棄你的目標，把阻擋在路上的絆腳石當作鋪路石，繼續向你的目標邁進。記住那句老話：「滴水穿石。」

一 把握夢想的方向

不管是生涯規劃或者生活，目標的設定都是最基本的要求。要是沒有目標，你永遠不曉得自己該往何處去。這就好比是物理實驗中自由運動的粒子一樣，如果不能在隨機碰撞中巧遇到其他粒子，就只能一直不斷地運動下去，當然起不了什麼變化。

生活要是沒有了目標，就只能一成不變地吃、喝、拉、睡，沒有什麼變化可言。我們常說這種人如同行屍走肉，原因無他，生活沒有努力的目標，當然就失去了方向。

說得更直接一點，沒有目標也就像你花了一堆時間在規劃婚禮，卻從沒打算結婚一樣，你所做的一切到頭來都是一場空。還有些人更糟糕，老是誤將短期的計劃當作是目標規劃。

比方說，老在計劃著假期要到什麼地方去玩，但卻不為生活做點實際的規劃。對這種人而言，生活只是經由假期來做一個片段一個片段的切割，和過一天算一天的人也差不了多少，這也是不曉得目標為何物的生活方式。

用駕車來做比喻。當你進了車子，發動引擎，卻不去動方向盤，怎麼可能到得了目的地呢？你猛踩油門卻不碰方向盤，車子當然還是會走，它也會帶你到某個地方去，但卻不一定會到達你想去的地方。因為，幾乎可以百分之百肯定的是，要不了幾秒鐘，你就撞車了。

在《愛麗絲夢遊仙境》一書中，當愛麗絲來到一個通往各個不同方向的路口時，她向小貓請教。

「小貓咪……能否請你告訴我，我應該走哪一條路？」

「那要看你想到哪兒去。」小貓咪回答。

「到哪兒去，我都無所謂」愛麗絲說。

「那麼，你走哪一條路，也都無所謂了。」小貓咪回答。

小貓咪說的可真是實話，如果我們不知道要前往何處，那麼，任何道路都可以帶我們到達不同目的地，只不過未必是你要的目標而已。

美國兒童文學女作家、著名小說《小婦人》的作者露意莎·梅·奧爾科特曾比喻說：「在那遠處的陽光中有我的至高期望。我也許不能達到它們，但是我可以仰望並見到它們的美麗，相信它們，並設法追隨它們的引領。」

目標是工具，它賦予我們把握自己命運的方法；目標是方向，它把我們引向充滿機會和希望之途。若能依循夢想的方向，滿懷信心地前進，並竭力去過自己所憧憬的生活，便能獲得出乎意料之外的成功……你若在空中造了樓閣，你的努力便不會迷失；樓閣原該在那裡，現在只需在它們下面打基礎。

一句英國諺語說得好：「對一艘盲目航行的船來說，任何方向的風都是逆風。」

目標是我們行動的依據，沒有目標，便無法成長。

有了目標，內心的力量才會找到方向。茫無目標的漂蕩終歸會迷路，而你心中那一座無價的金礦，也因不開採而與平凡的塵土無異。

有位哲學家一次漫步於田野中，發現水田當中新插的秧苗，竟是排列得如此整齊，猶如丈量過一般。他不禁好奇地問田中工作的老農是如何辦到的。老農忙著插秧，頭也不抬地回答，要他自己取一把秧苗插插看。哲學家卷起褲管，興沖沖地插完一排秧苗，結果竟是參差不齊，雜亂無章。

他再次請教老農，如何能插一排筆直的秧苗，老農告訴他，在彎腰插秧的同時，目光要盯住一樣東西，並朝著那個目標前進，即能插出一列整齊的秧苗。

哲學家依言而行。不料這次插好的秧苗，竟成了一道彎曲的弧形。他又請教老農，農夫不耐煩地問他：「你的眼光是否盯住一樣東西？」

哲學家答道：「有啊，我盯住那邊吃草的水牛，那可是一個大目標！」

老農說：「水牛邊走邊吃草，而你插的秧苗就跟著移動。你想，這道弧形是怎麼來的？」

哲學家恍然大悟。這次，他選定遠處的一棵大樹，也插出了一列整齊的秧苗。

沒有目標的人或目標不斷飄移的人生，亦如無舵之舟，無轡之馬，在茫茫的人海中，漂蕩奔逸，隨波逐流，就像哲學家所插的秧苗一樣，終將一無所成。

美國著名的石油大亨亨特，曾經在阿肯色州種棉花，結果一敗塗地，後來卻變成世界上最有錢的人之一。

有人問到他成功的祕訣是什麼，他說：「想成功只需兩件事：第一，看清楚你要的是什麼，而大多數人從來不知道要這麼做。第二，要有必須為成功付出代價的決心，然後想辦法付這個代價。」

當你提出你的目標，並計劃著如何實現它的時候，可以把每一個具體的目標看作是一條小溪，它們將會流向大河，也就是中期目標，並最終歸於大海，也就是你的總目標。這些小小的溪流最終是流入大海，還是在中途枯竭，這完全取決於你的堅持。

亨利．福特曾說：「所謂的障礙，就是你把眼光從目標移開時所見的醜惡東西。」

不管遇到多少麻煩，絕不要輕易放棄你的目標，把阻擋在路上的絆腳石當作鋪路石，繼續向你的目標邁進。記住那句老話：「滴水穿石。」

08 登上生命的巔峰

行動以前，請先想清楚自己要的究竟是什麼。如果一個人僅僅靠一份工作或是順利的職業生涯，便足以實現自我，無疑是否認自己是個生來有所為、有意義的生命個體。你過去或現在的情況並不重要，將來要獲得什麼成就才最重要。除非你對未來有理想，否則做不出什麼大事來。

假設此時你的生活一切順遂，而且有發揮能力的足夠空間，工作或職業再也不是問題。就在此時，你要處理的是「自我」，是一種追尋，要追求一種能使生命圓滿的努力方向。如果你以為只有特殊、重要的人物才會擁有生命目標，你就永遠無法逃離凡夫俗子的命運。

生命目標是對於所期望成就事業的真正決心。目標比幻想更貼近現實，因為它似乎易於實現。

正如空氣對於生命一樣，目標對於成功也有絕對的必要。如果沒有空氣，沒有人能夠生存；如果沒有目標，沒有任何人能成功。沒有目標，不可能發生任何事情，也不可能採取任何步驟。如果個人沒有目標，就只能在人生的旅途上徘徊，永遠到不了任何地方。所以對你想去的地方先要有個清楚的認識。

你想想這種情況吧！你想想那些人終生無目的地漂泊，胸懷不滿，但是並沒有一個非常明確的目標。你是否現在就能說說你想在生活中得到什麼？

進步的企業或公司都有十至十五年的長期目標。經理人員時常反問自己：「我們希望公司在十年後是什麼樣呢？」然後根據這個來規劃應有的各項努力。新的工廠並不是為了適合今天的需求，而是滿足五年、十年以後的需求。各研究部門也是針對十年或十年以後的產品進行研究。

人人都可從很有前途的企業學到一課，那就是：我們也應該計劃十年以後的事。如果你希望十年以後變成怎樣，現在就必須變成怎樣，這是一種重要的想法。就像沒有計劃的生意將會變質（如果還能存在的話），沒有生活目標的人也會變成另一個人。因為沒有了目標，我們根本無法成長。

確定你的目標可能是不容易的，它甚至會包含一些痛苦的自我考驗。但無論要花費什麼樣的努力，它都是值得的。因為沒有目標，我們的熱忱便無的放矢，無處依歸；有了目標，才能有鬥志，才能開發我們的潛能。

從此，你的潛意識開始遵循一條普遍的規律進行工作。這條普遍的規律就是：「人能設想和相信什麼，人就能用積極的心態去完成什麼。」如果你預想出你的目的地，你的潛意識就會受到這種自我暗示的影響。它就會進行工作，幫助你到達那兒。如果你知道你需要什麼，你就會有一種傾向：試圖走上正確的軌道，奔向正確的方向。於是你就開始行動了。

從此，你的工作變得有樂趣了，你因受到激勵而願付出代價。你能夠預算好時間和金錢了。你願意研究、思考和設計你的目標，你對你的目標思考得愈多，你就會愈益熱情，你的願望就變成熱烈的願望。

從此，你對一些機會變得很敏銳了，這些機會將幫助你達到目標。由於你有了明確的目標，你知道你想要什麼，你就很容易察覺到這些機會。

從此，你已瞭解自己獨特、與眾不同的一面，接受自己有待實踐的生命目標。如此一來，你的生命目標可能會帶給他人不同的啟示。這一切無須外求，無關乎淵博的學識，或豐富的生活經驗；要做到的僅僅是重視自己，並相信自己的生命與其他人同等偉大。

在追求目標的過程中，不懈地努力會讓你獲得成功經驗。成功的經驗可以讓人明白自己的長處和生存的特殊價值。在這樣的時刻，你能高度肯定自己，瞭解自己的存在舉足輕重，進而獲得一種滿足感。成功經驗的確象徵著不平凡的意義，但問題是，它們是如何產生的？那樣美好的感受該如何創造？以後還會有嗎？

找到了生命目標，就好比是找到了開發自我潛能的工具，這是開發生命「礦脈」的關鍵。不論付出多少，只要能發揮自己的潛力，就讓人體會到生命的意義和價值。為了登上生命的顛峰，何不大膽付出，盡情發揮？

三　目標引導潛能發揮

沒有目標的人，就像那些鯨魚；牠們有巨大的力量與潛能，但牠們把精力放在小事情上，而小事情使牠們忘記了自己本應做的事。

要發揮潛能，你必須全神貫注於自己的優勢，而目標能助你集中精力。

當你不停地在自己有優勢的方面努力時，這些優勢會進一步發展。最終，在實現目標時，你會發現自己成為什麼樣的人比你得到什麼東西重要得多。

你給自己定下目標之後，目標就會在兩個方面發揮作用：它是努力的依據，也是對你的鞭策。目標給了你一個看得著的射擊靶。隨著你努力實現這些目標，你會有成就感。對許多人來說，制訂和實現目標就像一場比賽。隨著時間的移轉，你實現了一個又一個目標，這時你的思想方式和工作方式也會漸漸改變。

一九九一年，住在斯德哥爾摩的高蘭．克魯普產生了一個想法：靠自己的力量越過大陸到達尼泊爾，然後，在完全沒有幫助的情況下，不帶氧氣瓶征服珠穆朗瑪峰，最後用同樣的方法返回家鄉。

顯然他的計劃野心夠大的，但是有可能實現的。他首先對整段路程做了切實的研究，然後著手籌集旅行所需的二十萬英鎊的贊助。為鍛鍊心血管能力，他開始和瑞典越野滑雪隊一起進行體能訓練。

一九九五年十月十六日他騎一輛自製自行車出發了，因為這是一次完全沒有後援的探險，他不得不隨身帶上全部裝備，總重量高達一百二十五公斤。

四個月零六天後他到達了加德滿都，在那兒開始把裝備運往基地的帳篷。他一次運七十三公斤，只能向前運五十五公尺，而且運一次要休息十分鐘。

他第一次開始懷疑自己完成計劃的能力。他說，那次搬運是他一生中唯一一次最可怕的體力考驗。

第三次登頂他成功了，下山後，他又騎上自行車，跋涉了一萬兩千公里回到了瑞典。

這時距他離家已經過去了一年零六天。

目標不但使我們的行動有依據，人生有意義，還能激勵我們的鬥志，開發我們的潛能。

這彷彿是個定律，在人生的前方設定一個目標，不僅是一個理想，同時也是一個約束，就像跳高，只有設定一個高度目標，才能跳出好成績來。

我們每個人都有成功的潛力，也有成功的機會。以輝煌的成就度過人生也好，還是在敗北的屈辱中熬過人生也好，你所消耗的精力和努力的心血，實際都是一樣的。

當你確定只走一公里路的目標，在完成〇．八公里時，便會有可能感覺到累而鬆懈自己，以為反正快到目標了。但如果你的目標是要走十公里路程，你便會做好心理準備和其他準備，調動各方面的潛在力量，這樣走七八公里後，才可能會稍微放鬆一點。

設定一個遠大的目標，可以發揮人的很大潛能。

現在已經成為行業巨子的一些公司，例如佳能和本田，他們制訂的目標是針對二十、三十年後的。他們把目標瞄準未來，那就是他們前進的方向。

日本的松下是一家大的控股公司，有著廣泛的業務領域，它制訂的戰略計劃針對今後三百年。聽起來也許有點玄，但這有助於他們循序漸進地提出一系列問題，例如，現在的投資將來會幫助後人完成長期目標嗎？

對於個人來說，清醒認識自己在將來要取得的成就，將在很大程度上影響到我們成功的能力。

年輕時我們曾有許多野心，隨著年齡的增長，惡劣的生存環境使我們漸漸淡忘了這些野心和夢想。我們青年時代的美夢褪色了，我們覺得這些夢想已經不現實了，這樣做的結果是我們永遠無法看到未來。有一個方法可以克服這個困難：永遠別忘了審視自己，比如是否實現了早年的那些野心。

要想做到這一點，我們得想像自己已經取得了成功。不能因為現狀給我們帶來了安全感和安逸感，就無法擺脫它。也不能因為困難太大、風險太大，就停在原地不動，不做別的事情。

想想那些英雄，想想那些勇往直前的英靈吧。他們手中沒有地圖，就去尋找那些未知的土地，他們知道自己將發現一個新世界，在旅途中你也得具備同樣的信心和熱情來激勵自己。

所以現在就努力吧，離開你舒適的安樂窩，像鳥兒飛離籠子一樣，在門打開的那一瞬必須充滿勇氣，相信自己，踏上征途，除非成功，否則絕不放棄。

四 制定正確的目標

許多人庸庸碌碌，默默以終，這是因為他們認為人生自有天定，從沒想到可以創造人生。事實是，人存在於世上，那是天定；好好地利用自己的生活，使它朝著自己的計劃和目標奮進，這樣就成了人生。

你應該掌握你的人生使命，高懸某種理想或希望，奮力以赴，使自己的生活能配合一個目標，從而實現成功。

偉大的人生以憧憬開始，那就是自己要做什麼或要成為什麼。南丁格爾的夢想是要做護士，愛迪生的理想是做發明家。這些人都為自己想像出明確的前途，把它作為目標，勇往直前。他們成就偉大事業的主要原因是有崇高的理想在激勵他們，激勵他們發揮潛能。

英國詩人濟慈，幼年就成為孤兒，一生貧困，戀愛失敗，身染癆病，二十六歲就去世了。濟慈一生雖然潦倒不堪，卻不受環境的支配。他在少年時代讀到史賓塞的《仙后》之後，就肯定自己也注定要成為詩人。

濟慈一生致力於這個最大的目標，使自己成為一位名垂不朽的詩人。他有一次說：「我想我死後可以躋身於英國詩人之列。」

你心目中要是高懸這樣的目標，就會勇猛奮進。如果自己心裡認定會失敗，那就永遠不會成功。你自信能夠成功，成功的可能性就將大為增加。沒有自信，沒有目標，你就會俯仰由人，一事無成。

在開始邁向成功之前，應先問你自己一個問題：你的目標是什麼？

設定明確的目標，是所有成就的出發點。98％的人之所以失敗，其原因就在於他們從來都沒有設定明確的目標，並且也從來沒有踏出他們的第一步。

當你研究那些已獲得成功的人物時，你會發現，他們每一個人都各自有一套明確的目標，都已訂出達到目標的計劃，並且花費最大的心思和付出最大的努力來實現他們的目標。

卡內基原本是一家鋼鐵廠的工人，但他憑著製造及銷售比其他同行更高品質的鋼鐵的明確目標，而成為全國最富有的人之一，並且有能力在全美國小城鎮中捐蓋圖書館。

他的明確目標已不只是一個願望而已，它已形成了一股強烈的欲望，你也一樣，只有發掘出你的強烈欲望才能使你獲得成功。

我們每個人都希望得到更好的東西，如金錢、名譽、尊重，但是大多數的人都僅把這些希望當作一種願望而已，如果你知道你希望得到的是什麼，如果你對達到自己的目標的堅定性已到了執著的程度，而且能以不斷的努力和穩健的計劃來支援這份執著的話，那你就已經是在發展你的明確目標了。

明確的目標是你努力的依據，也是對你的鞭策。明確的目標給你一個看得見的彼岸。隨著你實現這些目標，你就會有成就感，你的心態就會向著更積極主動的方向轉變。

明確目標使你看清使命，產生動力。有了明確目標，對自己心目中喜歡的世界便有一幅清晰的圖畫，你就會集中精力和資源於你所選擇的方向和目標上，因而你也就更加熱心於你的目標。愛默生說：「一心向著自己目標前進的人，整個世界都為他讓路！」

人們處事的方式主要取決於他們怎樣看待自己的目標。如果覺得自己的目標不重要，那麼所付出的努力自然也就沒有什麼價值；如果覺得目標很重要，那麼情況就會相反。如果你心中有了理想，你就會感到生存的重要意義，如果這個理想（人生目標）又是由一個個目標組成的，那麼，你就會覺得為目標付出動力是有價值的。一句話，明確的目標會使你感受到生存的意義與價值。

成功不是做了多少工作，而是獲得多少成果。目標使你集中精力，把重點從過程轉到結果，把握現在。

目標對目前工作具有指導作用。也就是說，現在所做的，必須是實現未來目標的一部分。因而讓人重視現在，把握現在。沒有目標，我們很容易陷入跟理想無關的現實事務中。一個忘記最重要事情的人，會成為瑣事的奴隸。

目標，使我們心中的想法具體化，更容易實現。幹起活來心中有數，熱情高漲；目標能提高激情，有助於評估進展。目標同時提高了一種自我評估的重要手段，即標準。你可以根據自己距離目標有多遠來衡量取得的進步，測知自己的效率。

信心、勇氣和膽量來自於「知彼知己」。對目標及實現過程的清晰透徹的認識，必然使你從容不迫，處變不驚，自我完善。

自我完善的過程，其實就是潛能不斷發揮的過程。而要發揮潛能，你必須全神貫注於自己的優勢並且會有高回報的方面。目標能使你最大限度地集中精力。當你不停地在自己有優勢的方面努力時，這些優勢必然進一步發展。

第四課：開發潛能要立即行動

人生偉業的建立，不在於能知，而在於能行。於無窮處全力以赴，你會發現眼目所及之處仍有無窮天地。

打開另一道門

有些人所以不能成就大事，是因為他們沒有把行動的力量發揮出來。

根據生命的定律，命運的門關閉了，信仰會為你開另一道門。所以我們應該積極尋找一道敞開的門；而在幸運之門前向你招手的，就是「行動」。只有不停地從事有意義的行動，我們才能從挫折、不幸的境遇中解放出來。

成功與失敗的分野在於：前者動手，後者動口，卻又抱怨別人不肯動手。

很多人都知道哪些事該做，然而真正力行去做的人卻不多。樂觀而沒有積極的行動來配合，就只是一種自我陶醉。

查理在孩童時就一直想學鋼琴，但他沒有鋼琴，也沒有上過課、練過琴。對此他深感遺憾，他決定長大後一定要找時間去學鋼琴，但他似乎沒有時間。這件事讓他很沮喪，當他看到別人彈鋼琴時，他認為「總有一天」他也可以享受彈鋼琴的樂趣，但這一天總是那麼遙遙無期。

光是知道哪些事該做仍是不夠的，你還得拿出行動才是。赫胥黎說：「人生偉業的建立，不在能知，乃在能行。」用心定下的目標，如果不付諸行動，便會變成畫餅充饑。

希望大家不僅認識這些教誨，更要去實踐它，因為知道是一回事，去做又是另一回事。《聖經》說：「只是你們要行道，不要單聽道，自己哄自己。因為聽道而不行道的，就像人對著鏡子看自己本來的面目，看見，走後，隨即忘了他的相貌如何。」

偉大的藝術家米開朗基羅曾看著一塊雕壞了的石頭說：「這塊石頭中有一個天使，我必須把她釋放出來。」

成功的畫家盯著畫布說：「裡面有一幅美麗的風景，等著我把它畫出來。」作家盯著稿紙說：「這兒有一本曠世名著，等著我把它寫出來。」企業家說：「我有很好的創業理念和理想，我一定會做到，它等著我將它達成。」

你呢？我們往往都只看見理想或是夢想，卻從不採取行動。為什麼不採取行動呢？

現在我們已經準確定義了自己的目標，那麼踏上征途的最佳時間是什麼時候呢？現在就是——如果不是物理意義上的，也是精神意義上的。

我們要毫不遲疑地踏上征途，如果猶豫的話，也許事情就會擱置幾個星期、幾個月，甚至永遠，然後結局就像那些老人們的一樣：當問如果時光可以再來，他們會……這些被我們視為理所當然的事都是他們當年沒能抓住的機會。

別再猶豫了，如果想做的事情是符合法律和道德規範的，既不會傷害別人，自己又不會有什麼損失，何必顧慮那麼多呢？

請別讓自己變成那樣，現在就放膽去做！

為什麼不敢嘗試？誰人沒有童心？誰人沒有雅量？在你看來太過突兀的事，別人可能也很想做，只是沒勇氣嘗試而已，現在你狠狠地做了，他們還可能為你鼓掌喝彩呢！再說，既然未對他造成任何不便，對方怎麼會容不下。

也許身邊的人不喜歡你依自己的想法去做，從而讓你想試卻不敢動手。然而那又怎麼樣呢？你是該為別人著想，可是不也該為自己多活一些嗎？

每個人都有許許多多的夢想，實現夢想的企圖心也很強；可就是一直都在原地踏步。他們總是不停地規劃：下個月要去哪裡，明年要做什麼，但就是停留在計劃階段而已，一年、二年過去了，也不曉得要到何時才會實現。

如果願意的話，每一天都可以是嶄新的開始，你的機會就是現在。

養成行動的習慣

如果你習慣性地一月一號下決心的話，不管決心是什麼你都實現不了，雖然你都會著手去做，但一般只能堅持到三號或四號，這時大腦開始毫無例外地回憶起失敗的經歷。

比如你下決心每天早起四十分鐘出去跑步，你也許會堅持二三個星期，但從未成功的記憶判了你的死刑，原因只是「一直都是這樣」。

如果你希望與眾不同，那麼從現在開始吧，如果不是馬上採取行動，至少也要做好心理準備，為將要發生的變化打好基礎。

如果沒有勇氣離開家，你永遠不會發現新大陸。

把為什麼必須現在就開始的原因寫下來，把對你有利的所有的東西都列出來，這會加強你解決問題的信心。

隨著不斷取得小小的成績，你的自我評價在增加，行動將變得更有意思，整個過程也更激動人心，你會變得更有熱情、更自信、更快樂。

你將發現人們注意到了你的這種新信心，這種內在財富來自於你清楚知道自己的目標，清楚你的目標會實現的，所以今天就開始吧。

社會上，有能力的人非常多，這些人成功的真正原因中，有一不可缺少的要素，就是「行動的能力」。不管你是經營事業、推銷產品、研究科學或是在公司任職，各行各業中，成功的必要條件都是「行動」，也就是做一個能夠自動自發的人。

人可以分成兩種類型，會成功的人屬於積極的，我們把他稱為「積極派」，而普通平凡鮮能成功的人是消極的，我們把他稱為「消極派」。積極派的人是實踐家，他們發起行動來成就事情，把自己的構想計劃付諸實行。

而消極派則是不實行派，他們往往找各種藉口，一直拖延到來不及為止，一點也不積極地採取行動。這兩種類型的人的差異可在許多小事情上看得出來。

積極的人如果計劃休假，就能很快付諸實行，但消極的人如果也有這種計劃，他們往往會拖到第二年。

其實這兩種人不只在小事上有差異，在大事上也全然不同。積極的人如果想要獨立做生意，很快就會實現，而消極的人雖然是這麼想的，但在實行之前，往往會因「不要做這個比較好……」等等藉口，而不願開始行動。

積極派和消極派的差異，可以在所有行動上表現出來，積極的人，想做什麼都會馬上實踐，結果往往獲得許多額外的收穫，如：信賴、安定的心情、自信，以及收入的增加等。

消極的人卻沒有什麼行動，他們常常只會空想，眼睜睜地讓時光溜走。他們在開始行動之前，就會說什麼：「要等到所有事情有百分之百的把握，可以順利進行時……」也就是要等待時機，以求盡善盡美。

但是我們要做的事，誰能有百分之百的把握？因此，這些藉口往往使他們「永遠在等待」，而一事無成。

無論什麼人，若想走成功之路，一定要養成「行動」的習慣。採取行動時，要注意：不要讓你的精神役使你，而要想法子運用精神。

雖然工作很單純、很瑣碎、也很討厭，我們還是可以試用機械的方法去做。不要一直存有「討厭」的念頭，應該試試看，先把自己投入工作，不要猶豫地把這工作做做看。

在做構想、做計劃以及解決問題和做其他需要高度精神作業的工作時，你用機械的方法做做看，不要讓精神役使你，先按捺住性子，坐在桌子前運用你的精神試試看。

運用你的精神的秘訣是：先準備好紙筆，即使是一塊、兩塊錢的鉛筆也無所謂，往往這些廉價的鉛筆就會替你帶來無限的財富，因為它是使你精神集中的最佳道具。

當你在紙上寫出某種想法時，你所有的注意力會集中在思考裡，那是因為精神一方面在做著思考，另一方面和思考不一樣的事也能顯示出來。你在紙上寫下所思考的事時，你在心理上也應該寫著，你把某一想法寫在紙上時，那事會更正確、更長久地記在自己的腦中，這可以當成是一種憑藉。

當你一旦養成集中精神使用紙和鉛筆的習慣時，你在嘈雜的環境中也能思考，「心情萎靡時，我就執筆寫作。」有這種情況的詩人，可見他對集中精神的道理是頗具心得的。

三 立即行動

每天都有幾千人把自己辛苦得來的新構想取消或埋葬掉，因為他們不敢執行。過了一段時間以後，這些構想又會回來折磨他們。

人生偉業的建立，不在於能知，而在於能行。於無窮處全力以赴，你會發現眼目所及之處仍有無窮天地。

「我當時本該那麼做，卻沒有那麼做。要是當初做了，我今天早發啦！」這等於廢話，毫無價值和意義。再好的主意、計劃、打算，若只是說說或寫在紙上，根本未去實現或辦理，那只是自欺欺人或使人空留歎息罷了。反之，如果真的徹底實行了，做了，那當然會帶來一定的效益。

一個人若制訂了人生目標，但並不去行動，這目標等於虛設。冥想苦思謀劃如何有所成就，如何賺大錢，絕不能代替實地去做。行動才是化目標為現實的關鍵，行動才是潛能的引爆器。

為了使行動容易，將所需的工作環境整理好，或把周圍一些令心情散亂的事物消滅掉，也是必要的措施。但最重要的，是你開始要做的「欲念」。在報社這種喧鬧的環境中工作的記者，或在忙碌的證券和股票堆中工作的營業人員，只要他們有去工作的意念，仍然可以將周圍的嘈雜從心中驅逐出去，而全神貫注於自己的工作上。

行動的最好方法，就是要馬上去做，立刻去做，不論從哪個角度看，這都是一句真理。

一位美術設計家，他很有能力。每當他到了工作的時間，一定馬上拿起畫板開始做事，這段時間內，他從來不打電話閒談，也不會喝咖啡等等。他從長期的經驗中已瞭解到，在紙上沒有成績是不可以到任何地方去的。

你也要像那位美術設計家一樣，從尚未完工的地方，繼續工作。開始工作是需要幹勁的，一定把這一點放在腦中不要忘記。如果在工作中途要停頓，應該在段落顯明的地方停頓，或者在要把工作停下的時候，自行決定「什麼時候」、「如何再開始做」的腹案。

需要新資料時，要找找看其中有沒有你所熟悉的因素，假使有，必須利用它作為出發點。假使找不出直接的類似點，不妨和你過去的經驗或你所知道的其他狀況比較看看，這麼做或許你就會找到再度著手的有利線索。

某種事情，無論如何不可能辦到時，一定要找出問題的核心，面對它的癥結所在，一旦克服了它，其他部分就容易解決了。假使你無論如何也找不出邏輯做法時，應該在「你認為可以」的地方著手。

平時就要養成一種習慣，用自我激勵警句「立即行動」對某些小事情做出有效的反應。這樣，一旦發生了緊急事件，或者當機會自行到來時，你同樣能做出強有力的反應，立即行動起來，而不致於任由機會擦身而過。

假如你一直想打電話給一個人，但由於拖延的習慣，你沒有打這個電話。當「立即行動」的警示進入你的意識心理時，你就會立即去打這個電話。

假定你把鬧鐘定在上午六點。然而，當鬧鐘鬧響時，你睡意仍濃，於是起身關掉鬧鐘，又回到床上去睡。久之，你會養成早晨不按時起床的習慣。但如果你聽從「立即行動」這一命令的話，你就會立刻起床，不再睡懶覺。

許多人都有拖延的習慣。由於這種習慣，他們可能出門誤車，上班遲到，或者更重要的——失去可能更好地改變他們整個生活進程的良機。歷史已經記錄了有些戰役的失敗僅僅是由於某些人拖延了採取得力行動的良機。

立刻去做！可以應用在人生的每一個階段。幫助你做自己應該做、卻不想做的事情；對不愉快的工作不再拖延，抓住稍縱即逝的寶貴時機，實現夢想。不論你現在如何，只要用積極的心態去行動，你都能達到理想的境地。

第五課：開發潛能要營造氛圍

和諧是自然的法則，也是肉體和心理健康的根本。身體的器官不再分工合作，就是疾病與死亡的開始。

一 創造激發潛能的和諧氛圍

一滴水只有放在大海裡，才能永遠不會乾。

一個人縱然是滿腹經綸，才華橫溢，其能力的實現也離不開一定的人際環境。

其能力只有在一定的集體背景下才能展現，集體的作用豈止如此，甚至還能在一定程度上對個體能力進行放大與倍增。

人的能力到底如何，往往要取決於能力的兌現情況，能力的實現是能力的重要標誌，實現的效果往往成為能力價值的尺度。能力往往要在一定的環境與條件下才能形成與實現，特別是人際環境往往是能力形成與實現的重要因素。

美國某大鐵路公司總裁史密斯說：「鐵路的成分95％是人，5％是鐵。」他的話反映了其他成功人士的共識，也為多項科學研究所證明。無論你做哪一行，或從事何種職業或專業，若學會處理人際關係，你就在成功路上走了85％的路程，在個人幸福的路上走了99％的路程了。

人際關係有時是潤滑劑，有時是阻塞器，它可以幫助我們成功，也可以使我們失敗。我們與配偶的關係怎樣，決定著我們與子女的關係。我們的家庭關係則給我們與別人的關係定了調，極少見到長久成功的人與配偶的關係是很糟糕的。

同樣道理，我們與同事、上司及雇員的關係是我們生意成敗的重要原因。除非一個人與別人有良好的關係，否則任何技術知識、技能都不能使他得心應手，發揮自如。

幾位教師向兩千名雇主寄出一份問卷。調查被解雇的員工的資料，然後提問：「你為什麼要他離開？」無論工作種類是什麼，地區在哪裡，有三分之二的答覆是「他們是因為與別人相處不好而被解雇的」。

如果你對此半信半疑，可以看如下事實。人們在對美國商界所做的領導能力調查中證實：管理人員的時間平均有四分之三花在處理人際關係上；大部分公司的最大一筆開支用在人力資源上；任何公司最大的，也是最重要的財富是人；管理人員所定計劃能否執行，其關鍵是人。

無論你的目標是什麼，選擇了什麼職業，如果你想獲得人生的成功，你必須學會與別人搞好關係。

人際關係並不是什麼神祕的東西。善於與人打交道並不局限於生來就有某種魅力的人，雖然有些人的確天生有這方面的了不起的本領，但對我們大多數人來說，與人保持良好關係的本領是後天學習得來的。下面的這些原則就能指導幫助你瞭解別人，建立良好的人際關係，創造一個激發潛能的和諧氛圍：

1 不要低估任何人的價值；
2 別佔他人的便宜；
3 虛心請別人提建議或給予幫助；
4 別忘了給朋友「捎點東西」；
5 多考慮別人的感受；

6 把注意力從自己身上移開；
7 真誠地關心別人；
8 認真地瞭解別人；
9 在生活中注入包容和瞭解。

二 和諧是自然的法則

和諧是自然的法則，也是肉體和心理健康的根本。身體的器官不再分工合作，就是疾病與死亡的開始。

人生的成功——不論所謂的成功為何，都需要個人與環境的和諧。富麗的皇宮之內，若人們無法和睦相處，就不如簡陋的茅屋。太空中的星球若不能在各自的軌道上運行，就會互相撞擊毀滅。

程式不和諧，是失敗最大的原因。

優美的音樂、詩歌都建立在和諧的基礎上，偉大的建築也是架構於和諧，否則只是一堆雜亂的建材。良好的企業管理也是建立在和諧的基礎上。

人體是複雜的組織，由器官、腺體、血管、神經、腦細胞、肌肉等等構成。大腦的能量刺激行動，協調身體各部分的功能。從出生到死亡持續的奮鬥過程中，最微妙的工作是調和意志的力量，並將其引導至一個特定的目標。唯有具備此項和諧的要素，才能形成正確的思考。

我們所處的宇宙是有一定的規律且和諧的，然而人類卻必須掙扎努力才能使人際關係趨近這種狀況。合作似乎是違反人性的，但成功的人知道如何逆流而上，做別人不願意做的事情。

他們學會靠合作而求得群體的利益，學會在任何關係中找到和睦之道。不論是生意上的、個人的或專業的關係，都要細心經營。想到與人合作獲益絕對比與人對抗要多，你就會覺得舒坦多了。

與任何人的關係出現不諧調的狀況時，多半有著經濟問題的牽連，但對人際方面的影響則更重大。當你被扯入充滿紛爭的關係中時，可用於完成生活目標的精神及體力，被毫無意義地浪費在一些爭吵算計之中。很不幸的，不論是什麼原因造成這樣的衝突，都會對所有當事人造成極為負面的影響。

當你發現自己處於一種劍拔弩張的氣氛時，有幾種方式可以將之化解。一是解決自己的問題，或乾脆離開那個環境。只有你自己才知道何種解決方法最好。但如果不能離開那個環境，那麼最好的辦法可能是拋棄你的自尊，來謀求每一個有關的人都肯接受的方式而加以解決。要是你做不到，也許這是結束合作關係，另謀出路來實踐人生目標的時候了。

當你捲入與人爭辯的狀況時，或許這是唯一一次什麼都不選擇的時候。這基於一個非常實際的理由：一旦你與他人辯論，即使你贏了，你仍然將過多不必要的壓力加諸自己的身上。你心中充滿憤怒、怨恨等不良情緒時，就不可能再保持正面、積極的心理態度了。

沒有人能真正地激怒你，除非你允許他們這麼做。與其跟對方爭吵，不如問一些沒有威脅性的問題，像是：「你為什麼會有這樣的感覺？」「我做了什麼事讓你這麼生氣？」「我要如何改善呢？」

你也許會發現，整件事可能不過就是個誤會，很快就可以改正的。即使問題比想像中嚴重，你積極處理的方式對解決問題也是大有幫助。

不妨試著想：別人是無法反對你的——當你已經贊同對方之後。這並不是在建議你放棄原則去妥協，而是告訴你，尋求雙方的共識來說服最初不同意的人，同時保持自己原有的信念是可能的。

別人在因為你或你牽涉的某種狀況生氣時，讓他們明白你確實瞭解「他們」的感受。由他們的角度來看問題，找出衝突的根源，看看如何解決才能顧及所有人的利益，你對整個事件能有什麼貢獻。

當你努力謀求解決的辦法而非加入抱怨的行列時，別人大多會以寬容的態度回應。

當我們與別人建立關係時，多半產生兩個問題：「我能信任你嗎？」「你真

的關心我嗎？」由過去成功的合作情形來看，不論是個人的或生意上的關係，答案可能要很遲才會揭曉。

雖然互信互賴是所有良好人際關係的基石，但它們卻非常脆弱。即使已經長達數年的友情，很可能因為幾個無情的字眼，或一個自私的行為而造成無法挽救的傷害。所以不要草率地做出反應，也不要對重要的朋友發脾氣。

就如同在與別人的談話中多聽少說，與人交往時應投其所好而非關注於自己的喜惡一樣。當你持續地努力以自己希望被對待的方式來對待別人，人們就會喜歡與你親近，並且尊重你，信賴你，願意成為你忠實的友人。

你一旦學會了控制自己的情緒及自大的心態，並且時常考慮別人的需求及想法，那麼無法避免的，你就是以友善的態度及體恤的行為在「誘人上鉤」而交上無數的朋友。

大部分人都無法「獨自前行」，不論在事業或個人生活等各方面皆是如此，我們在達到自己希望的成功路途中始終需要別人。

當我們擁有一切卻無人可分享的話，又有什麼意義呢？你當然可以選擇與人共同努力，你也可以忽視旁人，又或許你選擇與人對立；但你想在生命中獲得偉大的成就時，就必須與人和睦相處，共同奮鬥。

你個人的目標恰巧與另一個人相同時，共同合作不但會使你減輕負擔，而且產生的效果遠比你單打獨鬥所能達到的程度為佳。

第六課：開發潛能要把握時間

要把自己有限的時間集中在處理最重要的事情上。切忌每樣工作都去抓。要有勇氣並機智地拒絕不必要的事與次要的事。

一　時間管理之道

一個百萬富翁和一個窮光蛋至少在某一方面是完全一樣的，他們一天都只有二十四小時，一千四百四十分鐘。但是大部分的人卻總是在抱怨他們的時間不夠多，事情做不完。

對每一個成功的人來說，時間管理是很重要的一環。時間是我們最重要的資產，每一分每一秒逝去之後再也不會回頭，問題是你如何有效地利用你的時間。

為自己做個「希望銀行」吧！我建議，把一些想要做但卻從未實行的事寫在單子上，按照預計可完成的時間予以分類。

剛開始這麼做的時候，你可能還不是很熟悉，所以，不妨先把五分鐘內可完成的事情放進銀行裡，因為每件事情花費的時間不是很多，實現的可能性最高，可以藉此培養你對時間的掌握能力。

等到可以控制自己的時間時，再放進十分鐘內可完成者，接著再放進十五或三十分鐘的，然後逐步增加時數。

接下來，定期許個願望，寫一張願望卡擺在「銀行」旁邊，一有空檔就努力去實現它。你也許可以這麼寫：「我希望能空出三十分鐘讀本好書。」任它擺多久都沒有關係，重點是在，當你發現剛好有三十分鐘的空閒時，就得趕緊好好地去做！

研究時間管理之道，首先你必須知道，一個小時沒有六十分鐘。事實上，一個小時內只有你利用到的那幾分鐘而已。

時間表排得太滿其實也沒有什麼不好，但是如果排了太多不必要的行程，為了一五一十地按照行程依序完成，你就會不時瞥瞥時鐘，忙不迭地趕東趕西。這時的你，就是被時間控制而失去了自主權，這樣的行程表就沒有太大的意義了。

千萬別讓時鐘成為奴役的暴君！

請你每天檢視一下自己的行程，看看到底是哪些事情在浪費你的時間。也許是電話打得太久；或許看了太多電視、雜誌；也有可能是每次約會都到得太早，浪費了不少時間在等待。

一個好的行程應該是有點鬆又不會太鬆，有點緊又不會太緊，每個行程之間要預留點空白，好讓自己能夠處理突發事件，當然，如果某個行程偶然延遲的話，也就不會佔用到下一個行程的時間。更何況，每件活動可能都需要一點前置時間，如果能夠預先留空，至少可以讓你能預做準備。

如果真的發現行程表裡有這些問題，千萬不要以為沒什麼大不了，應該趕緊糾正過來，因為，這些「沒有什麼」的習慣，會一點一滴地侵蝕你的時間，今天你看了一個小時的報紙，明天可能會花你一個小時又十分鐘，幾個月後，可能就得每天用上二個小時。不良的習慣一旦成了自然，你想改都改不掉。

將時間稍微分割一下，找出突發事件要耗掉你多少時間，就以這些時間來當作行程之間的緩衝期。這樣一來，你就可以讓時間為你工作。

調整自己的時間，試著把一些難纏的約會、計劃，或是重大的變革延期，不要想一次完成。雖然這麼做可能會遇到一些無可避免的困難，但還是得盡力而為。畢竟，唯有能充分掌握時間的人才能掌握自己。

你一天要浪費幾個小時呢？如果你真想知道，不妨來做一個實驗。首先，你找一份記事曆，把每一天劃分成三個八小時的區域，然後再把每個小時畫成六十分鐘的小格。在這整個星期裡面，你隨時把你所做的事情記錄在你畫的表格中，連續做一個星期試試看，再回頭來檢查你的記事曆，你就會發現，由於拖延和管理不良，你浪費了多少寶貴的光陰。

當你瞭解到你是如何在使用你的時間之後，再回頭重做一次實驗。這一次多用點心來計劃你的時間，把需要做及想要做的事仔細安排進你的時間表，再看你的效率是否會好一點。

記住一件事，時間是你唯一可以賣給他人或自己的東西，你對時間的利用率越高，你越可以靠它賣得好價錢。

今天是最重要的一天，因為你可以利用它，也可以浪費它，可是不管你怎麼過這一天，你都是拿自己生命中的一天來換它。

善用你所擁有的光陰，把你的時間投注在完成目標之上。

前奧運撐竿跳冠軍巴伯理查被問及獲勝的原因時，說他在撐竿跳這項運動上下了不止一萬個小時的工夫。他說一個人只要肯花一萬個小時去做一件事，那就沒有任何事是做不成的。

如果你也肯花一萬個小時去做一件事，你也可以做好任何事。

有一個作家利用他每天等火車的空檔寫了一本書，還有一位作曲家利用塞車的時間完成了一首暢銷曲。你的現有時間也是可以好好利用的。

美國有一份暢銷雜誌對十四家公司的十八名高級主管進行了一項時間利用調查，結果發現，這些主管平均一天要花五個半鐘頭的時間在談話上。結論是，主管其實有充裕的時間來完成他們的目標，他們只是不用它罷了。

我們每個人可用的時間都一樣多，可是在托爾斯泰寫出了《戰爭與和平》，愛迪生發明了電燈的時間中，你在做什麼？

對自己提出下列問題並誠實作答，切勿故意說假話來滿足自己的虛榮心，因為這些問題的目的，在於使你發現哪些地方應進行改善，而不是要給什麼獎賞。

對自己定了明確目標了嗎？制訂執行計劃了嗎？每天花多少時間在執行計劃上？主動執行或是想到了才執行？

為了達到明確目標你做了什麼付出？正在付出嗎？何時開始付出？

你多半把時間花在執行計劃上還是老想著你所碰到的阻礙？

你經常為了將更多的時間用來執行計劃而犧牲娛樂嗎？或者經常為了娛樂而犧牲工作？

你能把握每一分鐘時間嗎？

你把你的生活看成是你過去運用時間的方式的結果嗎？你滿意你目前的生活嗎？你希望以其他方式支配時間嗎？你把逝去的每一秒鐘都看成是生活更加進步的機會嗎？

你何時表現出多付出一點點的舉動？每天都為更多付出或只有在他人注意時才會表現多付出？你在表現多付出一點點的舉動時心態正確嗎？

你給自己發揮想像力的機會嗎？你何時運用創造力來解決問題？你有什麼需要靠創造力才能解決的問題嗎？

你會放鬆自己、運動並且注意你的健康嗎？你計劃明年才開始嗎？為什麼不現在開始？

做這份檢討問題單的目的，在於促使你對自己做一番思考。你對於時間的運用方式充分反映出你將成功原則化為你生活一部分的程度。

二 時間就是金錢

一個每天能賺十塊錢的人，玩了半天，或躺在沙發上消磨了半天，他以為他在娛樂上僅僅花了六毛錢而已。不對！他還失掉了他本可以賺得的五塊錢。誰殺死一頭生仔的豬，那就是消滅了它的一切後裔，以至它的子孫萬代；如果誰毀掉了五塊錢，那就是毀掉了它所能產生的一切，也就是說，毀掉了一座金山。

利用好時間是非常重要的，一天的時間如果不好好規劃一下，就會白白浪費掉，就會消失得無影無蹤，我們就會一無所獲。

成功與失敗的界限在於怎樣分配時間，怎樣安排時間。人們往往認為，這兒幾分鐘，那兒一小時沒什麼用，但它們的作用很大。時間上的這種差別非常微妙，要過幾十年才看得出來。但有時這種差別又很明顯，貝爾就是一個例子。

貝爾在研製電話機時，另一個叫格雷的也在進行這項試驗。兩個人幾乎同時獲得了突破，但是貝爾到達專利局比格雷早了兩小時，當然，這兩人是不知道對方的，但貝爾就因這一百二十分鐘而取得了成功。

你最寶貴的財產是你手中的時間，好好地安排時間，不要浪費時間，請記住浪費時間就等於浪費生命。

時間是組成生命的材料，利用好時間是非常重要的。一天的時間如果不好好規劃一下，就會白白浪費掉。成功與失敗的關鍵之一在於怎樣安排時間。

如果想成功，必須重視時間的價值。

時間對任何人、任何事都是毫不留情的，它可以毫無顧忌地被浪費，也可以被有效地利用。

要把自己有限的時間集中在處理最重要的事情上。切忌每樣工作都去抓。要有勇氣並機智地拒絕不必要的事與次要的事。

時間不可能集中，往往出現很多零散時間，要珍惜並充分利用大大小小的零散時間，將零散時間用來從事零碎的工作，從而最大限度地提高工作效率。

在位於費城的美國造幣廠中，在處理金粉的工作室的地板上，有一個木製的格子。每次清掃地板時，這個格子就被拿了起來，裡面細小的金粉隨之被收集了起來。日積月累，每年可以因此節約成千上萬美元。

事實上，每一個成功人士都有這樣的一個「格子」，用於把那些零碎的時間，那些被分割得支離破碎的時間，那些常人不注意的零零碎碎的時間，都收集利用起來。等著咖啡煮好的半個小時，不期而至的假日兩項工作安排之間的間隙，等候某位不守時人士的閒暇，等等，都被他們如獲至寶般的加以利用，並足以取得令那些不懂得這一祕密的人目瞪口呆的成績。

凡在事業上有所成就的人，都有成功的訣竅。變閒暇為不閒，也就是不偷清閒，不貪逸趣，這便是訣竅之一。

有人利用閒暇時間博覽群書，汲取知識的甘泉；有人利用閒暇時間遊歷名山大川；有人利用閒暇時間廣交朋友，撒播友誼的種子。這都是可取的。

要善於把握時機。時機是事物轉折的關鍵時刻，要抓住時機的轉化，推動事物向前發展。錯過了時機，往往使到手的成果付諸東流，造成一著不慎、全局皆輸的嚴重後果。所以說，成功人士必須善於審時度勢，捕捉時機，把握關節，恰到火候。

你最寶貴的財產是你的生命中的時間。要好好地安排時間，不要浪費時間。請記住：浪費時間就等於浪費生命，時間即金錢。

成功人士要盡量避免浪費時間的會議、不必要的約會及過於頻繁的社交活動。但如果是非參加不可的經常性例行活動，他們也許無法逃避，他們也會忍受的。

成功人士應盡量想辦法改變浪費時間的局面，只要他們可以不參加的會就盡可能請人代替。假如朋友請你接手一項計劃，但是你已經負荷過多，或是你對這項計劃並不感興趣，你可以仿照許多優秀的時間管理專家說的話答復說：「抱歉，我現在沒有辦法幫你。」

一個有效的技巧是表達你對於必須擱置他們的要求而感到憂慮。你應該注意措辭，可利用下面的說法：「我正在寫一份我們討論過的報告，我也很想去參加那個會議。你覺得哪一個比較好？」

日常生活中，你經常需要暗示給跟你談話的人你有多少時間。有些人一點也不怕說：「我要走了，再見。」然後就起身離開。

某一個銷售員，一個星期平均訪問了二十小時，假定大約有二十萬元銷售額，以這個來做銷售員的銷售時間，每一小時就變成有一萬元的價值，假使他在平均二十小時上再加上每個星期增加五小時，也可能把銷售額在一個星期中增加五萬元。

推銷化妝品成績最高的A君月入最少也有六十萬元，有一次某保險公司找他去演講。演講完，他得到了一萬元的報酬，保險公司認為就這樣讓他回去不好意思，就招待他吃飯。

吃飯時間愈久，A君感到愈不能定下心來，他說要失陪了，而這些招待他的人，一半抱著聽他說話的心情，一半則以消磨時間的心情來挽留他，A君就率直地說了：「也許，我這麼說會得罪你們，可是我的時間一個小時有三千元的價值，今天你們請我來演講，同時我也拿了報酬，對你們我十分感激，但如果再花三個小時，這趟演講我就虧損了。我想還是到此為止，各位失陪了。」

他這種十分乾脆的話，使得這批招待的人只有苦笑，但A君認為如此處理是應該的，他另外說了些話來證明他的立場是對的。

「各位雖然身為銷售經理，但也是薪水階級，你如果玩了一小時仍可賺錢，而我卻會吃虧，這就是我們從事的銷售職業。」

我們是否都能做到這麼徹底，這是另外一回事，但是否需要有像這種程度的心理想法，可能因人而異。

我們都碰到過必須盡快到其他地方去的情況，然而，似乎沒有辦法能從正在進行的談話中脫身，而又不會冒犯正在說話的人。同時，當我們在等待對方說到一個段落時，五臟六腑都在翻攪。

突然結束對話的變通方法是利用暗示。如此一來，你比較會掌握時間，而且會得到大部分與你來往的人的尊敬和感激。但是，總是有一些人弄不懂暗示，對他們來說，除了直截了當的結束外，沒有什麼其他有效的方法了。

學習如何利用一些簡單的暗示，多多少少可以節省些時間。提供給對方一個界限，他們可以事先知道你給他們多少時間，迫使對方切入主題，而不把時間浪費在不相關的細節上。有時候，有些人無法在當時你所給他們的時間內很好地討論一個話題。假如是這樣的話，可另外約定一個時間。

「那本書要多少錢？」一個在班傑明．富蘭克林書店的門廳徘徊了一個小時的男子問道。

「一美元。」店員回答道。

「要一美元！」那個徘徊了良久的人驚呼道，「你能便宜一點嗎？」

「沒法便宜了，就得一美元。」這是他得到的回答。

這個頗有購買欲望的人又盯了一會兒那本書，然後問道：「富蘭克林先生在嗎？」

「是的，」店員回答說，「他正忙於印刷間的工作。」

「哦，我想見一見他。」這個男子堅持道。

書店的老闆把富蘭克林叫了出來，陌生人再一次問：「請問那本書的最低價是多少，富蘭克林先生？」

「一．二五美元。」富蘭克林斬釘截鐵地回答道。

「一．二五美元！怎麼會這樣子呢，剛才你的店員說只要一美元。」

「沒錯，」富蘭克林說道，「可是你還耽誤了我的時間，這個損失比一美元要大得多。」

這個男子看起來非常詫異，但是，為了儘快結束這場由他自己引起的談判，他再次問道：「好吧，那麼告訴我這本書的最低價吧。」

「一．五美元。」富蘭克林回答說。

「一．五美元！天哪，剛才你自己不是說了只要一．二五美元嗎？」

「是的，」富蘭克林冷靜地回答道，「可是到現在，我因此所耽誤的工作和喪失的價值要遠遠大於一．五美元。」

這個男子默不作聲地把錢放在了櫃檯上，拿起書本離開了書店。

從富蘭克林這位深諳時間價值的書店主人身上，他得到了一個有益的教訓：從某種程度上來說，時間就是財富，時間就是價值。

第七課：開發潛能要抓住靈感

直覺可能為我們提供正確的事實判斷，而這種判斷是無法依邏輯推理完成而是在無意之中突然出現的感覺。當然，這種直覺並不是完全憑空而來，它實質是人們尚未意識到、尚未總結的經驗。

一 靈感的迸發

思維看不見摸不著，似乎很玄。其實，思維並非很「玄」。它無時不在，無處不在。

生活中，有人得意就相信運氣，有人失意就歸咎於「天意」。其實，並非運氣也非「天意」，而是每一個人的思維模式決定了每一個人的命運。

「一念之差，悔之晚矣。」一念之差的背後卻是一個人的思維方法的差別。我們只有不斷反思，不斷剖析自己，才能從靈魂深處拯救和完善自己。

不思考，就猶如在跑步機上跑步，步子再大，也是在原地踏步。要反思，要形成正確的思維方法，便不能不對思維本身有所瞭解。

思維是人腦對物質世界的反映，並在人腦中把物質的東西轉換為思想形式的東西。這既包括思維活動過程，又包括思維成果。

思維對客觀現實的反映具有超越性。思維反映現實，再現客觀現實，但並不是讓這種現實的客體直接進入人腦，也非直接生成某種具體的直接形象，而是透過對客體進行觀念的加工改造，表現為對感性直接的接收。

如學習歷史，最初只是透過視覺來閱讀，欣賞文字和圖片。在閱讀過程中，我們會融進自己的理解。當要使用史料時，我們腦海裡不會僅是一本書，也不會是在現實中再現歷史過程而是透過自己的理解把歷史展開。

二 思維的光點

思維超越現象深入揭示事物的本質屬性和內部聯繫，即思維能認識現象的本質和現象間的聯繫。這一點對我們尤其重要，因為這其中蘊藏著巨大的機會。

愛德華．琴納是英國的一個鄉村醫生。他看到天花使無數孩子失去了生命，一直在尋找戰勝天花的有效辦法。

有一次，琴納去鄉村行醫，看到村裡有許多美麗的姑娘，她們一個個臉色紅潤，看上去非常漂亮，非常健康，沒有一個是麻臉的。一打聽，人們說，她們是擠奶女工。

琴納感到很奇怪，擠奶女工為什麼不生天花呢？他感到，世界上任何事物都有內在的原因，擠奶女工不生天花，其中肯定有原因。找到了擠奶女工不生天花的原因，就能找到治療天花的辦法。

他向養牛工請教：是什麼原因使她們沒患上天花。牛工告訴他，牛也有類似於天花這樣的病，這就是牛痘。牛生牛痘的時候，症狀與人的天花很相像，也會發燒，也長痘子，牛生的天花也會傳給人。

擠奶女工因為經常與牛接觸，容易生這種病。不過生這種病不可怕，稍微有一點怕冷發熱，不多幾天就好了。而且，一個人如果患上了牛痘，一輩子也就不會再生天花了。

琴納從擠奶女工那裡得到啟發：如果牛身上的牛痘傳給人類，人也會生一種類似於天花的病，但是這種對牛來說可能會致死的病，對人來說卻很輕微，而且一旦患了一次牛痘，一輩子就再也不會生牛痘，也不會生天花了。

那麼，為什麼不直接給人種上牛痘，使人不再生天花呢？琴納這樣想著。

他決心對人進行這樣的實驗。他找了一個名叫菲浦士的孩子。有一次，一個擠奶女工正患牛痘，琴納從她身上的牛痘膿皰裡取了一點液體，用針接種到菲浦士的身上。一星期後，這個孩子出現了一些類似於天花的症狀，怕冷、咽喉痛等，牛痘在他身上發生作用了，但並不嚴重。

不沒天，孩子一切正常。兩個月後，琴納把人類的天花接種到菲浦士的身上，這個孩子居然不再生天花，他對天花有了一種神奇的抗病作用。

琴納從擠奶女工不生天花這個簡單的事實，溯根尋源，尋找其中的原因，創造性地把牛身上的牛痘接種到人的身上，使人產生一定的免疫力，產生對天花病毒的免疫作用。琴納開創了預防醫學，也是免疫醫學。他的創造和發現，使人類戰勝了天花，拯救了無數的生命，保護了千百萬兒童的健康。

我們追溯琴納探索牛痘的思維過程，他的思維的光點在哪裡呢？

首先，他喜歡追根尋源。發現擠奶女工不生天花、不麻臉，這當然是一種發現，但這還只停留在現象的發現上。琴納發現擠奶女工不生天花以後，他深入地思考造成這種結果的原因，他的思維就比一般人更深了一層。

從發現現象到思考原因，這是思維深刻性的一種表現。思維越深刻，越容易找到深刻的本質和深層的原因，越容易找出深層次的規律來。

每個人的知識和智慧總是有限的。世界無限大，要知道的事物是如此之多，而每個人知道的又是如此之少，因此，要善於利用大腦，要善於向有某方面知識的人請教。琴納對擠奶女工為什麼不生天花不瞭解，他就虛心地向養牛工請教。

這種請教的過程，就是利用外腦的過程。養牛工們向琴納介紹了牛生牛痘的許多知識，可以說，琴納的知識來自養牛工的知識，他的聰明在於他善於學習，善於向內行的人學習。善於利用外腦的人的知識一定比一般人豐富，他們也容易取得成功。

琴納在瞭解牛痘和天花的知識以後，很快想到二者的關聯性。他認識到，天花是一種人痘，牛痘是一種牛生的天花，它們是同一類疾病，只是程度有所不同。牛痘比較輕，天花比較重。

琴納從不同中看到關聯，這是思維的一種亮度。而更重要的是，琴納發現，牛痘能致病，也能防病。他想能不能透過致病來防病？他別開生面地想：為了防止天花，就要感染牛痘，以較輕的牛痘，避免嚴重的天花。

在琴納的思維中，牛痘和人痘統一起來了，牛痘致病和牛痘防病統一起來了。正是這種善於把兩極的東西統一起來思考的方法，使他找到了一種牛痘預防天花的辦法。

思維能力有突破表像的能力，非凡人物之所以偉大，都因為有超人的洞察事物聯繫的能力，從人人熟悉的事實中發現普通人發現不了的機會。縱觀科學發展，除了牛頓又有誰會因被一個蘋果打中頭而去探討萬有引力定律呢？

三 發現並不是專利

思維作為對客觀現實的概括性的反映，是一個複雜的、深刻的理性思維過程，包括一系列分析、抽象和綜合的環節。思維的概括性可說是從眾多的、紛亂雜繁的事實中祛偽取真，去粗取精的過程。

我們每一個人都需要做出選擇，在一些人生十字路口的決策往往會徹底改變一個人的命運。在做出任何決定以前，都會有一個情報蒐集、情報處理和綜合的思維過程。這個過程就是一個思維的過程，它決定我們做出的決策的正確程度和質量高低。

一九六〇年代的一天，美國科學家謝皮羅在洗完澡放水時發現，水順時針地轉著漩渦，這引起了他的注意。他觀察著，沈思著，一時竟忘記了擦乾身上的水珠。他癡癡地看著漩渦，看到一個漩渦接著一個漩渦，不斷地打著圈圈。

這種平常的現象引起了他的興趣。他想，這是不是這個浴缸的特殊現象？他穿上了衣服，又擰開了水池裡的水龍頭，水嘩嘩地流著，很快就放滿了。他拔出塞子，水又打著漩渦流著，旋轉的方向與浴缸裡的漩渦一模一樣。謝皮羅一次一次地試著，他發現，所有的水都是這樣，用同樣的旋轉方向打著相似的漩渦流著。

這是為什麼呢？他想，共同的現象一定有著相同的原因。

他又想到赤道上的水，那裡會不會有漩渦呢？那裡的水池裡的水將怎樣流出？流出的時候會不會打著漩渦呢？會不會打著同樣的漩渦呢？

他又想到，南半球的水池裡的水將會怎樣流出呢？它們又會沿著什麼方向打漩渦呢？

就為了這麼一個貌似平常的問題，他不遠萬里來到赤道。他觀察水池，看有沒有漩渦，結果，他發現赤道上的流水沒有漩渦。

他又來到南半球觀察，發現漩渦的方向正好與北半球相反。北半球是順時針方向，而南半球是逆時針方向。

他從觀察中得出結論：流水的漩渦，可能與地球的自轉有關。

他又想到，颱風、風暴都是流體的運動，空氣也是流體。南半球和北半球的風暴也一定是按與水流同樣的規律旋轉的，北半球和南半球風暴產生的漩渦的方向也將是彼此相反的。

利用這種理論，可以推測颱風的移動規律。

謝皮羅非常善於觀察，這些不顯眼的現象，沒有逃過他敏銳的眼睛。浴池裡的水怎麼旋轉，一般人是不大關心的，也不會去深入思考。但是，謝皮羅卻與眾不同，他留意到了漩渦的方向。

謝皮羅沒有滿足於眼前的發現，他追求的是深層的發現。他努力用心去發現，就是說，要對所發現的現象給出一個合理的說明。為此，他對赤道和南半球的流水產生的漩渦與北半球的情況做了推測，然後實地考察，與北半球的情況做了比較。這種比較大大深化了對漩渦的認識，對於揭示漩渦產生的原因也有啟示作用。

如果滿足於此，也還顯得不夠深刻，因為還停留於對現象的描述階段。謝皮羅進一步推斷造成漩渦的原因，以及造成南北半球漩渦方向相反的原因，找出了地球自轉可能是造成南北半球漩渦方向不同的原因。

更可貴的是，他沒有停留在說明已知的現象上，而是利用獲得的水流漩渦的知識，把它推廣到新的領域，尋找新的知識。他從水推廣到大氣，從水流推廣到氣流，從流水的方向推測風暴的方向，這樣，就把知識擴展了，也為驗證自己的假設提供了新的舞臺。

自然界到處都隱藏著祕密，到處都有發現的機會，天天是發現之時，處處是發現之地。如果我們善於觀察，小心地捕捉奇怪的現象，努力用理論去說明它，尋找它的原因，更多的人也能做出自己的發現。發現並不是某些人的專利。

謝皮羅從對一點也不起眼的浴池流水現象的觀察，發現了一個重要的祕密，這就是一個有力的證明。

四 直覺的魅力

直覺是人腦對於突然出現在面前的新事物、新現象、新問題及其關係的一種迅速認識、敏銳而深入的洞察，換句話說，就是直接領悟的思維。

創造過程是無意識地進行的，真理不是透過有目的的推理，而是憑著我們的直覺得到的。直覺是一種無意識的思維，人們透過感覺可以認識事物的現象，透過直覺認識事物的本質和規律。

直覺可能為我們提供正確的事實判斷，這種判斷是無法依邏輯推理完成而是在無意之中突然出現的感覺。當然，這種直覺並不是完全憑空而來，它實質是人們尚未意識到、尚未總結的經驗。

某藥店正打掃店堂，準備關門。

「小姐，請替我拿兩瓶『安眠藥』。」

售貨員抬頭一看，是一位中年婦女，穿著得體，神態平靜。於是她拿出兩瓶安眠藥遞給她。但就在這位顧客付錢的時候，售貨員發現她的手微微顫抖：她莫非是打扮整齊，準備自殺的？

售貨員匆匆把店裡的事向同事交代了一下就奔出店門，追上那顧客。

果不其然，透過交談，那位婦女告訴售貨員：她不堪忍受丈夫虐待，便想一死了之。售貨員誠摯地開導她，告訴她應用法律抗爭，自殺只會傷害自己和親人。那位婦女慢慢抬起低垂的頭，答應照她的建議去做。就這樣，她從死神的手中奪回了一個靈魂。

一個普通的營業員，從沒有接受有關判斷自殺的教育。她得出中年婦女要自殺的結論只是一剎那的直覺。她的直覺卻對了。這並非是她有特異功能，而是她在日常生活中，透過影視、小說，對自殺者的一些癥兆在潛意識中有一定積累，但尚未條理化。

而中年婦女的徵兆也是自殺前的一種，喚醒了她潛意識中對自殺的認識。所以，她能以一剎那的直覺作出判斷。

直覺也可以幫助科學家在創造活動中做出預見。愛因斯坦面臨在物理學上做出方向選擇的時候，憑藉了他非凡的直覺能力，走的是一條革命的道路，結果用「光量子假說」對量子論作了重大貢獻。英國物理學家盧瑟福也是憑著強烈的直覺，感到在原子物理和核子物理兩方面必定會有重大發現，很早就進行原子核子物理的研究，在最短的時間內作出了大量重要的發現。

直覺更能幫助企業家作出非凡的決斷。

自他決定加盟蘋果公司時起，斯卡利便開始向電腦世界發起強有力的進攻。接管蘋果公司後不到一年的時間，便成了公眾矚目的焦點。

斯卡利認為，所有重大的市場決策都是由直覺做出的。經驗、資料及各種不同的視角成為他直覺的源泉，而且目標又引導了直覺。

正是這種直覺，在五月底的一個早晨，指導他挫敗了一次權力接管的挑戰。挑戰者是將其帶入蘋果公司的創建者之一、董事會主席史蒂文．約布斯。斯卡利揭穿了約布斯的伎倆後，牢牢地控制了公司。

接著，他立即制定了一個重組方案，將蘋果公司繁多的管理部門合併為三個不同職能的部門。這是任何一位經理可能面對的壓力最大、最棘手的一段時期。斯卡利將策劃、生產和產品銷售統一管理，還建立了一個產品開發部、一個市場部及銷售部。

斯卡利做出的決策，不僅影響到一千兩百名員工的生活，也牽涉到整個企業文化，是一種大膽之舉。

雖然斯卡利有自己的生意分析方法，有一些可供參考的資料，但像這樣的決策還需要更多的東西。

他必須能夠自由地運用左腦和右腦，一邊進行抽象思維、一邊重視實際操作，並得同時問自己兩個問題：蘋果公司打算做什麼？如何達到目標？但是，電腦業有其特殊問題，斯卡利不能依靠傳統型公司所累積的同樣詳細的資料，而必須讓自己相信另一種資料處理方法。

在斯卡利的領導下，蘋果電腦公司在贏利中得以發展。斯卡利既保持了公司的企業文化，又維護了整個蘋果公司的事業。

他的成就，源於在最關鍵時刻，對自己內在感覺的信任。他的決策是自信而直接的。他蒐集了資訊，確定了它們之間的聯繫，然後就聽任直覺驅使。這樣，斯卡利使蘋果公司成了二十一世紀的世界級競爭參與者。這項任務完成後，斯卡利於一九九三年六月從總經理的位置退了下來。他覺得，自己的目標是多花點時間陪陪家人、思考未來。

積極地運用直覺，能把決策人員從撰寫季度報告之中解脫出來，轉而集中精力作長遠的考慮。短期的壓力，阻礙了他們發展公司所必須具備的遠見。

如果約翰．斯卡利未能預見到公司前途的種種可能性，還會有今天的蘋果公司嗎？也許，它現在只是一群有些本事但缺乏經驗的創業者們留下的一片混亂而已。

直覺是思維的一種形式，但它並不是神祕莫測、玄而又玄的東西。高度直覺的能力來源於人對知識和經驗在潛意識的積累，歸根結底也是以實踐為基礎的。

開啟直覺的一個相當簡易的方法便是身心放鬆——學著安靜地坐下，忘卻讓你感到壓力的事情。這種方法時間不限，可以短至五分鐘，在你坐在椅子上或正在淋浴的時候便可進行。

你也可將它當成常規之事來做，譬如，每天抽出二十分鐘時間來打坐入定。

這樣一個積極想像的過程，是開啟直覺之門的一個非常有力的工具。這可不是一種遊戲，重要的是得記住，儘管你不再控制自己的意識，實際上你仍在對自己進行著有效控制（全局統籌而非隨意支配，往往是一個出色的領導者與一般老闆的差別所在）。

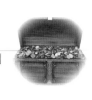

你使用和練習這些方法越多，就越容易聽見和辨認直覺，而不會忽略直覺的寂靜之聲。

一旦我們的大腦已經能夠放鬆下來，哪怕是最短暫的時間，那被鎖在最深處的東西也會得以釋放。記住直覺常常是那些被看似更為「理性」的聲音所壓制的一種內在的寂靜之聲。但是，如果你不願花時間去聽，又如何能指望聽得見呢？

剛開始，這種練習也許會像是在浪費寶貴的時間，特別是當你忙於急事時，就更顯得是無所事事，虛擲光陰。但是只要你能使自己安靜下來，哪怕只是一小會兒，你就能除去那阻礙你傾聽內在活動聲音的表層自覺意識。這樣，你就能得到一個機會，進行真正的審視。

這種身心放鬆是一種思維解放，透過放鬆自己，我們就可以使大腦不再受有意識的思維與分析的限制。

這種除卻思想負擔的過程，使我們的有意識活動平息下來，從而人們能夠聽到來自他們心靈深處的聲音，並據此做出決策。正如弗朗西絲．沃恩在她的著作《覺醒的直覺》一書中所闡述的那樣：「你要學著聽取你原本就已經知道的東西。但是為了能夠聽見，你的大腦就必須安靜下來，而不充斥了你自認為需要去學的那些東西。」

第五卷 一切從行動開始

第一課：讓夢想為行動插上翅膀

有一些人能夠超越飄浮的想，進入有目標、有方向的想，並在周密地想過之後，創造奇蹟。

有夢想才會有卓越的人生

夢想越高，人生就越豐富，達成的成就越卓絕。夢想越低，人生的可塑性越差。也就是慣常說的：「期望值越高，達成期望的可能性越大。」

把你的夢想提升起來。它不應該退縮在一個不恰當的位置，接受夢想的牽引吧！

一個夢想遠大的人，即使實際做起來沒有達到最終目標，但他實際達到的目標都可能比夢想小的人的最終目標還大。所以，夢想不妨大一點。

從前，有兩兄弟，老大想到北極去，而老二只想走到北愛爾蘭。有一天，他倆從牛津城出發。結果兩人都沒有到達目的地，但老大到達了北愛爾蘭，而老二僅僅走到了英格蘭北端。

一個根本沒有目標的人更有作為。有句蘇格蘭諺語說：「扯住金製長袍的人，或許可以得到一隻金袖子。」那些志向高遠的人，所取得的成就必定遠遠離開起點。即使你的目標沒有完全實現，你為之付出的努力本身也會讓你受益終生。

如果你的夢想是賺一萬美元，那麼你的打算不過是能餬口便成了。如果這就是你的夢想與你工作的原因，請問你工作時會興奮有勁嗎？你會熱情洋溢嗎？

一 想出一個未來的富翁

有一位盲人，以乞討維生，他需要一年四季不停地奔波，才能勉強不餓肚子，他想，這樣下去，等不能動時，那不就餓死了嗎？

一年春天，他來到一個地方，聽到耳邊處處是歡聲笑語，突然來了靈感，寫了這麼一個牌子，春天來了，可是我什麼也看不見……

那一天，他討到了全年的飯錢。

一個青年，在街上擦皮鞋，他熱情地招攬，賣力地擦拭，每天最多能擦三十雙，除去鞋油和吃飯，最後能剩二十元。他琢磨，如果要實現買下對面的那棟樓的願望，至少要五百年，到那時，不僅他沒有了，就連對面的那棟樓都沒了，這種擦法肯定不行。

一天，他想，假若我組織五百個人擦皮鞋，向他們每人每天收四塊錢，五年後，我不就可以買這棟樓了嗎？於是一個擦鞋公司誕生了。五年後，他果然買下了那棟樓。

一位大學生，在校期間幫人開發程式軟體，他白天上課，課餘研發，一個財務軟體有時一頓飯工夫就能敲定，才能賺三千美元，他想，我若成立一個開發公司，雇上幾百人，豈不財源滾滾？說做就做，二十年後，他果然成了世界上最富的人。

人們都說富翁可以是想出來的，這話確實有它的道理。假若你現在有一個好主意，請不妨一試，因為好主意的價值，頂得上你辛辛苦苦地做上一百天，甚至是一百年。

二 瞬間的思想

有一些人能夠超越飄浮的想，進入有目標、有指向的想，並在周密地想過之後，創造奇蹟。

斐塞司博士悠閒地站在窗前。他似乎在凝望著什麼，思考著什麼。但是從神態看，又好像什麼也沒有思考，就是工作之後漫無目的地遐想，即所謂神遊。

四周靜悄悄的，陽光從天空直射下來，照射在窗前的空地上。一隻母貓躺在陽光下。牠懶懶的，很舒展的姿態與四周的寧靜是那樣的吻合。

太陽在人們不知不覺之中悄悄移動。樹陰漸漸拉長，漸漸擋住了母貓身上的陽光。當身上的陽光被遮住，母貓醒來了。牠站起來，弓一下腰，不緊不慢地走到有陽光的地方躺下，重新打盹。

樹影繼續移動，貓身上的陽光又失去了。這隻貓又站起來，重新走到陽光下。這一切，是那麼自然而然，彷彿一切都事先安排好了。又好像母貓接到陽光的通知似的。

這一景象喚起了斐塞司博士的好奇。究竟是什麼引得這隻貓待在陽光下？是光與熱？對，是光與熱。那麼，如果光與熱對貓有益，那對人呢？為什麼不會對人有益？

這個念頭在腦子裡一閃。這個一閃的念頭，後來成為了聞名世界的日光治療法的引發點。

之後不久，日光治療法在世界上誕生了。

如果我們窗前也有這麼一隻睡懶覺的貓，我們也看到牠一次一次向陽光趨近，會想起什麼呢？或許想，這隻貓怎麼還不生小貓？或許想，牠倒是很會享受，你瞧，那姿態有多舒服！或許想，現在的貓不捉老鼠了？給主人養懶了……或許，什麼也沒有想。

在睡懶覺的貓面前的泛泛一「想」，其方位與層次竟是這樣不同。

斐塞司由「想」到了貓對光和熱的追尋，進而想到光與熱對人的益處，再與人類的健康事業聯繫在一起。我們呢？只是隨便想想而已。

所有的人都會「想」。人的「想」大致有兩種，一種是有思索的目標、有明確指向、能得出明確結論的「想」：另一種是漫無目標、不著邊際的，即所謂飄浮的想。許許多多人幾乎永遠停留於飄浮的「想」，沒有「有指向、有目標」地深透地想過什麼。

所以終其一生毫無成就。有的人在許多時候能超越飄浮的想，進入有目標、有指向的想，並在周密地想過之後，創造奇蹟。心理學家說，95%的人總是停留於飄浮的想，只有5%的人能夠進入有目標、有指向的想，所以能夠取得成就的不超過5%。

斐塞司醫學博士、諾貝爾獎獲得者觀看一隻睡懶覺的貓所想的，使我們獲得難得的教益和啟發。

三 帶著夢想去行動

成功者和普通人的區別究竟在那裡呢？成功者在看待家庭、工作、健康和財富時，注重的並不是它們的現狀或外表。他們總是撥開紛繁複雜的表面，看清事物的本質，他們堅持做一件既簡單又意義深遠的事情：他們關注的是生活可能會變成什麼樣子，而不是現在是什麼樣子。

他們看到的生活總是符合他們擁有的「我一定會成功」的大思想，他們堅持不懈地為生活付出應該付出的一切，然後生活果真發生了變化，變得越來越美好。

不要讓現實限制自己的能力。偉大的建築師、設計家、發明家眼中看到的不是大城市中的貧民窟和那些破舊的建築，而是那些破房子有沒有可能重新建成新的社區；在新環境下，人們怎樣更好地生活、工作和玩樂。

任何企業、學校、學院以及建築……都是擁有夢想的人最後實現目標的結果。

有意義的生活總是帶著夢想一起踏上征途。每個人都有兩種視覺——肉眼視覺和心靈視覺。肉眼視覺向我們描述了周圍的事物，透過眼睛，我們看到花草樹木、獸鳥蟲魚、山川河流、日月星辰以及其他物質。

心靈視覺不同於肉眼視覺，它使人們具有自己的獨特性，我們看到的不是事物表面，而是付諸努力後所得到的結果。

心靈視覺是一種設定夢想的能力，它會為我們的未來構建圖景——我們想要的家、我們希望建立的家庭關係、我們期望的收入、我們嚮往的旅行或到了一定時候應該獲得的財富。

肉眼視覺純屬物質性，看到的只是現實。心靈視覺則屬於精神性，看到的是潛在的事物，心靈視覺表現的事物不是可見的。如何利用我們的心靈視覺設定夢想將決定著我們的成功（成就、影響、滿足感）、財富（收入、資產、物質生活條件）以及幸福（尊重、歡樂、知足）。

人們用肉眼看到的事物都差不多。孩子們在小時候都能清晰地分辨外在事物，例如：山水、人物、建築、星辰。可是人們的心靈視覺卻截然不同，看不見的東西在人們心中形成的圖像是不同的。

大部分人眼中的未來都充滿了困難。在工作上，他們眼中的一生只是從事著普通、收入中等的職業；在人際關係上，他們很少看到快樂，只看到問題，只感到煩悶；在家中，他們看到的也只是乏味、枯燥和一堆折磨人的難題。

另一方面，只佔一小部分的成功夢想家眼中的未來則充滿了挑戰。他們認為工作是獲得進步與豐厚報酬的道路。有創造力的人認為社會關係將會鼓勵他們、促進他們，他們也能從中得到快樂。在家中，他們看到興奮、冒險、幸福。他們選擇憧憬美好的、有意義的生活。

人生的成功與失敗取決於如何利用我們的心靈視覺，要麼用肉眼去看，要麼用心靈去看。每個人都有力量把我們的生活演變為天堂或地獄，這完全取決於我們自己。認為生活是天堂的人就是勝利者，認為生活是地獄的人就是失敗者。

有的人相信幸運和機遇能決定他們的命運。他們認為財富、成功、好的生活就像擲骰子、玩幸運之輪或者是隨便買一張彩票一樣。

這太愚蠢了！

買彩票贏得一百萬美元的機率不超過百萬分之一。喜歡買彩票的人認為只要投資幾元就可以獲得巨大財富，買彩票或賭博的人只想靠機會或運氣得到錢財。

願望不同於夢想。願望具有悲觀性和消極性，只是一種無意義的消遣，不需要付出努力和才智。但是夢想需要制訂行動計劃和獲得結果。

吉姆的願望是能獲得提升。可是他從不主動額外加班，也不願意幫助需要幫助的同事。他從不會有這樣的想法：「我們為何不試一試這樣做？」吉姆希望獲得更多報酬的願望會實現嗎？當然不會！

瑪麗的願望是成為自己所在的會計師事務所的合夥人之一。可是她擠不出時間到學校進修會計課程。

當需要每天工作十二至十四小時時，她也不願意主動留下。她從不會給顧客提出合理避稅的辦法。結果呢？瑪麗的願望永遠也不可能實現。

吉姆和蘇珊的願望是擁有屬於自己的成功的企業。可是一到週末，他們倆首先想到的就是娛樂、聚會、旅行、聚餐等，諸如此類的事情佔據了他們的時間。所以他們的願望永遠只能是願望。

沒錯吧！人人都有願望。可是夢想家卻會為自己的夢想付諸行動。

第二課：讓危機誘導行動

這個世界上，從來沒有什麼真正的「絕境」。無論黑夜多麼漫長，朝陽總會冉冉升起；無論風雪怎樣肆虐，春風終會緩緩吹拂。而對年輕的我們來說，當挫折接連不斷、失敗如影隨形時，當命運之門一扇接一扇地關閉時，我們永遠也不要懷疑，因為總有一扇窗會為你打開。

一 醉漢的行動

行動源於兩點：對快樂的追求和對痛苦的逃避，而逃離恐懼與痛苦的力量更大。一個人不能化心動為行動，只有兩個原因，要麼是對快樂的渴望不夠強烈，要麼是對痛苦的恐懼滋味兒尚未嘗夠。

有個笑話：

一個醉鬼深更半夜跌跌撞撞地往家裡走，可連方向都弄錯了，竟走到一片墓地裡，有一家人明天要給親人送葬，提前挖了個大深坑，醉漢一不留神掉進了坑裡，他費了九牛二虎之力仍然爬不上來。

正當他準備稍事休息再往上爬時，突然有人冷不防在他肩上拍了一下，陰陽怪氣地說：「別白費勁了，我試過了，爬不上去的……」這一嚇非同小可，他以為遇到了鬼，噌一下子躍出坑外，撒腿跑了個無影無蹤，原來拍他的那個人也是個掉到坑裡的醉鬼。

你之所以還僅僅只是想成功，是因為現狀還沒把你逼上絕路，你還混得下去，所以你必須讓自己強烈地恐懼你現在的樣子。

決心，強烈的決心，只有你決心改變的心才能幫助你迎向成功。行動就是自己最好的證明。

02 趕快跑

如果你碰到過危機四伏的人生窘境，下面這則寓言，也許能給你一點啟迪。

有個年輕人，有一天，因心情不好，他走出了家門，漫無目的地到處閒逛，不知不覺間來到了森林深處。在這裡他聽到了婉轉的鳥鳴，看到了美麗的花草，他的心情漸漸好轉，他徜徉在森林裡，感覺著生命的美好與幸福。

忽然，他的身邊響起了呼呼的風聲，他回頭一看，嚇得魂飛魄散，原來是一頭兇惡的老虎正張牙舞爪地撲過來。他拔腿就跑，跑到一棵大樹下，看到樹下有個大窟窿，一根粗大的樹藤從樹上深入窟窿裡面，他幾乎不假思索，抓住樹藤就滑了下去，他想，這裡也許是最安全的，能躲過劫難。

他鬆了口氣，雙手緊緊地抓住樹藤，側耳傾聽外邊的動靜，並時不時伸出頭去看看。那隻老虎在四周踱來踱去，久久不肯離去，年輕人懸著的心又緊張起來，他不安地抬起頭來，這一看又叫他吃了一驚，一隻尖牙利齒的松鼠在不停地咬著樹藤，樹藤雖然粗大，可又能經得住松鼠咬多久呢？

他下意識地低頭看洞底，真是不得了！洞底盤著四條大蛇，一齊瞪著眼睛，嘴裡吐出著長長的舌信。恐懼感從四面八方襲來，他悲觀透了。爬出去有老虎，跳下去有毒蛇，上不得，也下不得，想這麼不上也不下吧，卻有那隻松鼠在咬樹藤，他甚至已經聽到了樹藤被咬之處咯吱咯吱欲斷未斷的響聲。

你也許已經悟出了，這個故事並不是人生的特殊的個例，也不是人生的具體寫實，而是人生境遇的一個比喻。

其實那隻老虎不是別的，是無常的象徵；那隻松鼠是時間的象徵；那四條大蛇是人生無法逃避的生老病死；那根藤就是我們的生命線的象徵。老虎存在於這個世界上是無疑的，正如災害，正如苦惱，正如天外飛來的橫禍。

這些不測總是要來到人間。是來到你面前，還是來到他面前，是碰到一次，還是常常碰到，這也許有一定的偶然性。與生俱來的還有生老病死，這是任何人都無法掙脫的宿命，上至王侯將相，下至販夫走卒，都無法擺脫。

無法擺脫的還有時間，從表面來看，時間對生命並不構成威脅，甚至我們還以為它是運載人生的免費列車，可是真正給我們致命一擊的就是時間，時間每時每刻都在噬咬著我們的生命之藤。

人生就是這麼一個苦窟窿。人被從母體中趕出來，就被驅趕到這個窟窿裡來了，人生在生老病死這個苦境之外，還有許多意想不到的挫折與打擊，也許你常常被苦難緊緊盯住。那麼你怎麼辦呢？

讓我們繼續看完那個年輕人的故事。年輕人想：懸掛不動已不可能，樹藤已不可能讓你懸了；跳下去也絕無生路，那是個死胡同，連逃的地方都沒有；可是外面呢，有花香。

年輕人想，難道這是人生的宿命？冥冥之中，他聽到一個聲音在喊：「別怕，跑吧。」於是他不再做多餘的考慮，一步一步向上攀登，他終於爬到了地面，看到那隻老虎在樹下閉目養神（是的，苦難也有閉上眼睛的時候）他抓住這個機會，拔腿狂奔，終於擺脫了老虎，安全回到了家。

也許我們的能力確實有限，也許我們的厄運真的無法擺脫，但是我們用不著絕望，我們逃不脫生老病死，我們逃不脫有限的歲月，但是我們可以逃得脫老虎，逃得脫人生迎面而來的災難。面對不幸、挫折與打擊，我們可以跑，可以奮鬥。

只有危機意識，才會產生行動的動力。羚羊擺脫獅子追擊的辦法是跑得比獅子還快，這就是生路。所謂生路，就是行動之路。

三　絕路也是路

世上有險途，但沒有絕路，絕路也是路。

一位女士，她從服裝學校畢業後的第二年，帶著自己的時裝設計稿來到了巴黎，來到了世界時裝之都。但那些名師們似乎對購買她的草圖毫無興趣。後來有一天，她遇見了一個朋友，朋友那天穿了件非常漂亮的毛線衣，顏色素雅，但針法獨特，煞是好看。

「這是你織的嗎？」她禁不住問。

「不，」朋友回答道，「這是一個當地的婦女織的。」

「針法真不錯。」她繼續說道。

朋友解釋道：「是威迪安夫人織的，她說她是在一個亞美尼亞人家裡學會這種針法的。」

剎那間，一個大膽的計劃在她腦中形成，為什麼不開家自己的服裝店呢？為什麼不在斯恰帕雷利的小店裡自己設計、製作、出售服裝呢？就這麼做，從一件毛線衣開始。

她設計了一個黑白分明的蝴蝶圖案，交給威迪安夫人。

她把衣服織好了，效果相當不錯。她穿著它出席了一個有許多服裝界名人出席的午餐會。讓她高興的是，這件衣服果然引起了注意。紐約一家大型商場的代理商當場就預訂了四十件，兩週內交貨。當她走出大廳時，高興得都有點飄飄然了。

然而，這種高興並沒有維持多久。「織這樣一件就需要差不多一週的時間，」

威迪安夫人說，「兩星期四十件，根本不可能！」

勝利的果實就在眼前卻無法將它們摘到！她滿臉憂傷地離開了。可就在此時，她停了下來，心想一定還有別的方法。

雖然這種針法需要特殊的技巧，但她相信在巴黎一定會有其他的亞美尼亞人會這種針法。

她回去向威迪安夫人說了她的想法。威迪安夫人雖不大相信這招能行，但同意幫助她。

她們倆四處打聽在巴黎的亞美尼亞人的下落，終於找到了二十個人。每個人都會這種織法。

兩週後，毛線衣織好了。

第一批出自斯恰帕雷利小屋的時裝登上了去美國的路程。她永遠也不會忘記她的第一次時裝展，那真是一次真正的挑戰啊！那時她正忙著準備她的冬季服裝展示會，可就在節骨眼上，所有的縫紉工都參加了罷工，只剩下一名裁剪師和一個負責縫紉工作室的女工。

她心情極度沮喪，那些模特、促銷小姐們也一樣參加了罷工。「看來展示會要泡湯了。」她痛苦地想。

她感到既迷茫又苦悶。毫無疑問，她們必須取消展示，否則只能展示那些未完成的服裝。突然間，靈感在她的腦中閃現，為什麼不呢？為什麼不展示那些未完成的作品呢？

世上有險途，但沒有絕路。這是一個怎樣的展示會啊！有些衣服沒有袖子，有些僅有一點，很多還只是雛形，只是用厚棉布做成的樣式。她們把樣圖和布料別在上面，藉由過這種方法，人們就知道成衣的顏色和質地了。

總之，那次展示會別具一格。然而就因為它另具一格反而獲得了巨大的成功。因為他們這種不尋常的展示抓住了公眾的注意力，訂單因此源源不斷。

四 行動了就會有轉機

我們永遠也不要懷疑，因為總有一扇窗會為你打開。

保羅．迪克剛剛從祖父手中繼承了美麗的「森林莊園」，一場雷電引發的山火就將其化為灰燼。面對焦黑的樹樁，保羅欲哭無淚。年輕的他不甘心百年基業毀於一旦，決心傾其所有也要修復莊園。

於是，他向銀行提交了貸款申請，但銀行卻無情地拒絕了他。接下來，他四處求親告友，依然是一無所獲……

所有可能的辦法全都試過了，保羅始終找不到一條出路，他的心在無盡的黑暗中掙扎。他知道，自己以後再也看不到那鬱鬱蔥蔥的樹林了。為此，他閉門不出，茶飯不思，眼睛熬出了血絲。

一個多月過去了，年已古稀的外祖母獲悉此事，意味深長地對保羅說：「小夥子，莊園成了廢墟並不可怕，可怕的是你的眼睛失去了光澤，一天天地老去。一雙老去的眼睛，怎麼能見到機會呢？」

保羅在外祖母的勸說下，一個人走出了莊園，走上了陌生的街頭。保羅看見一家店鋪的門前人頭攢動，他下意識地走了過去。原來，是一些家庭婦女正在排隊購買木炭。那一塊塊躺在紙箱上的木炭忽然讓保羅眼睛一亮，他看到了一線希望。

在接下來的兩個多星期裡，保羅雇了幾名燒炭工，將莊園裡燒焦的樹加工成優質的木炭，分裝成箱，送到集市上的木炭經銷店。結果，木炭被一搶而空，他因此得到了一筆不菲的收入。

不久，他用這筆收入購買了一大批新樹苗，一個新的莊園又初具規模了。幾年以後，「森林莊園」再度綠意盎然。

對年輕的保羅來說，當他擦亮自己的雙眼後，生活的道路便重新展現在他的面前。其實，人生就是這樣，只要胸中還有一線希望，那麼無論來自外界的不幸是怎樣的沈重，無論源於自身的災難是如何的巨大，腳下總會有一條新的道路。

麥傑是位成功的商人，卻不幸患上了白內障，視力嚴重受損，不要說閱讀寫作，就連駕車外出都極其艱難。與他一同患病的一位病友受不了這種折磨，每天都喝得酩酊大醉，總是對著別人大發雷霆，僅僅過了半年，那位病友便離開了人世。

目睹此景，麥傑備感淒涼。因為疾病，他也不得不結束原來的生意，他的生活漸漸陷入了困境。

在那段舉步維艱的日子裡，書給了酷愛閱讀的麥傑很大慰藉。因為患病，麥傑深深體會到視力不良者的不便與需求，他決定尋找一種容易閱讀的字體。

經過差不多一年的研究，麥傑發現在紙上印有粗線條的斜紋字體，不但對視力有障礙的人大有幫助，也能提高一般人的閱讀速度。

於是，麥傑把自己僅有的一萬五千元存款從銀行裡取了出來，把這組新研究出來的字體整理妥當，計劃全面推廣。麥傑在加州自設印刷廠，第一部特別印刷而成的書面市了。一個月內，麥傑接到了訂購七十萬本的訂單。

這個世界上，從來沒有什麼真正的「絕境」。無論黑夜多麼漫長，朝陽總會冉冉升起；無論風雪怎樣肆虐，春風終會緩緩吹拂。

而對年輕的我們來說，當挫折接連不斷、失敗如影隨形時，當命運之門一扇接一扇地關閉時，我們永遠也不要懷疑，因為總有一扇窗會為你打開。

五 衝破包裹心靈的繭

如果我們能用心咬破自己構築的外殼，儘管這一過程會很痛苦，但對於生命的重生，實在是一種必須。

很小的時候，傑克曾在蠶房裡住過兩年。他熟悉蠶在其生命輪迴過程中每一個隱祕的細節。由黑珍珠一般的卵，到變成胖嘟嘟的蠶兒，到沈睡繭中的蛹，最後羽化成蛾，這個神祕的精靈就完成了一次生命的變異。

觀察這樣的過程是需要耐心的。不過，傑克願意等，他始終認為，這樣的等待本身就是詩意的。當可愛的蠶兒吸取了充足的甘草潤澤後，便用生命的絲線織繭而棲，沈沈而睡。生命被無盡期的黑暗覆蓋，深埋於寂靜之中。其實，它是在做一個堅實的夢，孕育著一次生命的復活。

終於，它咬破自己織成的繭子，出來了，由蛹化蛾，完成了生命本質的飛躍，帶給傑克驚喜的震顫。傑克固執地稱它為蝶。因為它讓傑克想到化蝶的傳說。他想，這個細小的生命，它短暫的沈睡，類似於一次死亡。

而當它痛苦地咬破自己織成的繭，羽化成蝶後，就完成了生命的復活。這個小精靈，在其短暫的一生中是那麼專注於自己的生命，用重生來拒絕死亡，穿越了生死的界限，讓生命得以絢爛。從某種性質上說，它接近於神話中涅槃的鳳凰。

傑克感動於破繭成蝶所帶來的美學意蘊。很多時候，我們看看它振動透明的薄翼，時而以舞者的姿態翩飛於屋檐下，時而款款行走於牆壁之上。這隻蝶使我們心頭的生命之弦得以穿過虛與實的空間。傑克想，當初它的沈睡，就是在做著一個蝶夢，一個死亡與生存相連在一起的夢。

這個夢既洋溢著古典的氣息，又充滿著生命的哲思。

其實在生活中，很多時候，我們就如那小小的蠶兒，經常會陷於一種生存的窒息狀態，或是處於絕望的境地。對於我們個體生命而言，有時心靈也會結上了一種「繭」。

如果我們能用心咬破自己構築的外殼，儘管這一過程會很痛苦，但於生命的重生，它又實在是一種必須。包括面對死亡，一個能坦然面對死亡的人，也一定能坦然面對生活。

所以破繭成蝶，是人生一種境界，能夠破繭成蝶，就會重獲生命的歡愉和快慰。

六 晴天霹靂

只有在處處碰壁的時候，你才能學會人生中最重要的課題。

大多數人總是在遭受「晴天霹靂」之後才會醒悟。為什麼呢？因為不求改變是最不傷腦筋的。所以我們每天都做同樣的事，直到我們碰壁為止。

以健康為例，我們什麼時候才會注意飲食、開始運動呢？當我們百病纏身的時候，當醫生說：「你如果再不改變生活方式，你就死定了！」突然間，我們就有了改變的動機。

在男女關係方面，我們通常什麼時候才對伴侶表示關心？當婚姻亮起紅燈的時候，在家庭面臨破裂的時候！在事業方面，我們什麼時候才肯去嘗試新觀念、做出艱難的決定？

當我們沒有錢付賬的時候！我們什麼時候才體會到為顧客服務的重要性？當所有顧客都走光的時候！

只有在處處碰壁的時候，我們才能學會人生最重要的課題。想想看，你一生最大的決定是怎麼敲定的？多半是跌得鼻青臉腫，被人打得頭破血流的時候。那時，你會告訴自己：「我恨透了過苦日子，恨透了被人當皮球一樣踢來踢去，恨透了做一個平庸的人，我一定要出人頭地！」

成功的時候，我們會大肆慶祝，卻沒能從中體會任何事。人都有好逸惡勞的習性，如果不是被環境所迫，多半部只會安於現狀，不求改變。

瑪麗被男友阿爾拋棄了，傷心欲絕地在家裡待了一個星期。後來她漸漸和老朋友聯絡，結交新朋友。不久，她搬了家，換了新工作。半年左右，她比以前更快樂和更有自信。回想起來，失去阿爾這個「晴天霹靂」反而成為她這輩子最好的契機。

弗雷德被公司解雇了，又找不到其他合適的工作，於是乾脆自己做起小生意。這是他平生第一次當老闆，做自己想做的事。雖然他仍然要面對各種問題，但是他的生活更有意義和更有挑戰性——這一切都是「晴天霹靂」帶來的好處。

那麼，人生就是一連串痛苦的「晴天霹靂」嗎？那倒未必，上天通常都是用溫和的警報來提醒我們。當我們面對他的警報置之不理時，祂老人家才會重重地敲下一錘來。因為只有我們拒絕成長時，我們才會感覺到成長痛苦不堪。

我們為什麼來到人世呢？也想想看，如果有一項比賽：「請用不超過十五個字回答人生的目標是什麼這個問題。」你會寫什麼呢？「得到一幢房子，裡面應有盡有？」「數百萬，到百慕達度假？」

其實，每個人心裡都知道，生命並不止於此。我們知道，「人」才是最重要的——寶馬車和名牌球鞋都不過是點綴而已。但是有時候我們不免走了岔路，被雜務分心——惦記著牛皮沙發椅和新的視聽音響系統。

瑪安娜．威廉森談到人臨死前的情景：臨終前的幾小時，當心愛的人圍繞在病榻旁，沒有人會說：「要是我多賺二十萬就好了！」他們通常會說：「好好照顧你媽媽和孩子」……沒有人會說：「記得照顧我的車子。」至於「我們為什麼來到人世」似乎可以回答：「我們來到人世，是為了學習彼此相愛。」是的，其最明晰的結果的確如此。

七 給自己一個懸崖

一個人要想使自己的人生有所造就，就必須懂得在關鍵時刻把自己帶到人生的懸崖。給自己一個懸崖，其實就是給自己一片蔚藍的天空。

有一個學電子專業的大學生，畢業時被分配到一個讓許多人羡慕的政府機關，做著一份十分輕鬆的工作。

然而時間不長，年輕人就變得鬱鬱寡歡。原來年輕人的工作雖輕鬆，但與所學專業毫無關係，空有一身本事卻無用武之地。他想辭職外出闖天下，但內心深處卻十分留戀眼下這一份穩定又有保障的舒適工作。

要知道外面的世界雖然很精彩，可是風險也大呀！經過反覆思量他仍拿不定主意，於是他就將心中的矛盾講給了父親。他的父親聽後，給他講了一個故事：

有一個鄉下老人在山裡打柴時，拾到一隻很小的樣子怪怪的鳥。那隻怪鳥和出生剛滿月的小雞一樣大小，也許因為實在太小了，牠還不會飛。老人就將這隻怪鳥帶回家給小孫子玩耍。

老人的小孫子很調皮，他將怪鳥放在小雞群裡，充當母雞的孩子，讓母雞養育著，母雞果然沒有發現這個異類，全權負起一個母親的責任。

怪鳥一天天長大了，後來人們發現那隻怪鳥竟是一隻鷹，人們擔心鷹再長大一些會吃雞。然而從前的擔心是多餘的，那隻鷹一天天長大了，卻始終和雞相處得很和睦。只有當鷹出於本能在天空展翅飛翔再向地面俯衝時，雞群才會引起片刻的恐慌和騷亂。

時間久了，村裡的人們對於這種鷹雞同處的狀況越來越看不慣，如果哪家丟了雞，首先便會懷疑那隻鷹，要知道鷹畢竟是鷹，生來就是要吃雞的。愈來愈不滿的人們一致強烈要求：要麼殺了那隻鷹，要麼將牠放生，讓牠永遠也別回來。

因為和鷹相處的時間長了，有了感情，這一家人自然捨不得殺牠，他們決定將鷹放生，讓牠回歸大自然。然而他們用了許多辦法，都無法讓那隻鷹重返大自然。他們把鷹帶到村外的田野上，過不了幾天那隻鷹又飛回來了，他們驅趕它不讓牠進家門，他們甚至將牠打得遍體鱗傷……許多辦法試過了都不奏效。最後他們終於明白：原來鷹是眷戀牠從小長到大的家園，捨不得那個溫暖舒適的窩。

後來村裡的一位老人說，把鷹交給我吧，我會讓牠重返藍天，永遠不再回來。老人將鷹帶到附近一個最陡峭的懸崖絕壁旁，然後將鷹狠狠向懸崖下的深澗扔去，如扔一塊石頭。那隻鷹開始也如石頭般向下墜去，然而快要墜到澗底時，牠只輕輕拍了拍翅膀，就飛向蔚藍的天空。牠越飛越自由舒展，越飛動作越漂亮。

這才叫真正的翱翔，藍天才是牠真正的家園呀！牠越飛越高，越飛越遠，漸漸變成了一個小黑點，飛出了人們的視野，永遠地飛走了，再也沒有回來。

聽完父親講的故事，年輕人痛下決心，辭去公職外出闖天下，終於成就了一番事業。

其實我們每個人又何嘗不像那隻鷹一樣，總是對現有的東西不忍放棄，對舒適平穩的生活戀戀不捨呢。

一個人要想使自己的人生有所造就，就必須懂得在關鍵時刻把自己帶到人生的懸崖。給自己一個懸崖，其實就是給自己一片蔚藍的天空啊。

第三課：讓心動變成行動

心動不如行動。希望什麼，就主動去爭取，去促成它的發生。我們無法指望別人來實現我們的願望，也不能指望一切都已經成熟，然後輕鬆去摘取果實。永遠不會有這樣的事情發生，我們要徹底打消這樣的念頭。

一　行動的重要性

有這麼一個小故事：

一次，一家公司舉辦一個行銷人員的培訓會議。公司很多行銷人員都來參加了。他們學習了很多東西，快要結束的時候，行銷總監前來作總結。

他也沒有多講什麼，最後讓大家都動一下，站起來，看看有什麼發現。全體人員很納悶，但還是陸陸續續地站了起來，莫名其妙地東張西望。不一會兒，有人就大聲地說在桌子下面找到一美元。然後，就不斷地有人說在椅子上、桌子裡、地板上等地方找到了錢。最多的有一百，最少的也有一元。正當大家詫異的時候，這位總監就問大家能否明白其中的意思。沒人能夠回答，但又都很想知道。

總監就說了，這其實很簡單，就是想告訴大家，只要你動了起來，就一定會有所收穫，如果你坐著不動的話，就會一無所獲。

二 做事要當機立斷

「現在」這個詞對成功的妙用無窮，而「明天」、「下個禮拜」、「以後」、「將來某個時候」或「有一天」，往往就是「永遠做不到」的同義詞。有很多好計劃沒有實現，就是因為應該說「我現在就去做，馬上開始」的時候，卻說「我將來有一天才開始去做」。

我們用儲蓄的例子來說明好了。人人都認為儲蓄是件好事。雖然它很好，卻並不表示人人都會依據有條理的儲蓄計劃去做。許多人都想要儲蓄，但只有少數人才真正能做到。

這裡是一對年輕夫婦的儲蓄經過：

畢爾先生每個月的收入是美金一千元，但是每個月的開銷也要美金一千元，收支剛好相抵。夫婦倆都很想儲蓄，但是往往會找些理由使他們無法開始。他們說了好幾年：「加薪以後馬上開始存錢」、「分期付款還清以後就要……」、「度過這次難關以後就要……」、「下個月就要……」、「明年就要開始存錢」。

最後還是他太太珍妮不想再拖。她對畢爾說：「你好好想想看，到底要不要存錢？」他說：「當然要啊！但是現在省不下來呀！」

珍妮這一次下定決心了。她接著說：「我們想要存錢已經想了好幾年，由於一直認為省不下，才一直沒有儲蓄，從現在開始要認為我們可以儲蓄。

我今天看到一個廣告說，如果每個月存下一百元，十五年以後就有一萬八千元，外加六千六百元的利息。廣告中也說，『先存錢再花錢』比『先花錢再存錢』容易得多。如果你真想儲蓄，就把薪水的10％存起來，不可移作別用。我們說不定要靠著餅乾和牛奶過到月底，但只要我們真的那麼做，一定可以辦到。」

他們為了存錢，起先幾個月當然吃盡了苦頭，盡量節省，才留出這筆預算。現在他們卻覺得「存錢跟花錢一樣有趣」。

想不想寫信給一個朋友？如果想，現在就去寫。有沒有想到一個對於生意大有幫助的計劃？馬上就去實行。時時刻刻記著班傑明．富蘭克林的話：「今天可以做完的事不要拖到明天。」這也就是俗話所說的：「今日事，今日畢。」

如果你時時想到「現在」，就能完成許多事情；如果常想「將來有一天」或「將來什麼時候」，那將一事無成。

有一天，珍去拜望一位多年不見的朋友，她剛好開會回來。珍一看到她，就知道她有心事，她的模樣很狼狽。「你看！」她說：「今天開會的目的是改革一個制度，結果呢？我帶了六個人一起去，只有一個人多少發揮了點作用，其他幾個人一點用處也沒有。簡直是一群廢物。我不曉得他們到底在想什麼？」

「照理說，他們應該講幾句話才對，這件事畢竟跟他們每個人都有關係啊！」這位朋友在開會時沒有獲得支持。但是，如果散會以後她仍在大廳多待一會兒，一定會聽到她的助理搶著說：「我當時很想說……」、「難道沒有人建議……」、「我不認為……」、「我們應該積極一點……」

這些開會時一言不發的人，居然在散會後說話不管用時搶著說。發言的時間過去以後才搶著發言，他們的心理簡直令人難以理解。

企業界的主管都迫切需要各式各樣的建議，但是躲在背後不發一言的人，往往會妨礙了他們。設法養成「該說就說」的好習慣。當你勇敢地侃侃而談時，你就會信心大增，勇氣百倍。請你跟著自己的新構想同時進步吧！

三 心動不如行動

成功並不是招手即來的事情，渴望成功的人，必須有決心克服沿途的各種阻礙。這些阻礙遲早都會到來，他必須有毅力，有恒心，而且，能夠全身心投入自己的目標，這樣才能衝破險阻，到達目標。

現實中有很多人，他們有一些前景非常看好的發明，有的在生意上有一些非常有創意的想法，然而，他們總是遲遲不肯行動，以致最終都被別人搶了先機。

不要為自己尋找藉口，我們要從今天開始，從現在開始。不要心理上總對時機有一種依賴感，外界的條件永遠不可能盡善盡美。如果有了目標，需要的就是馬上行動。固執於細節，你將一事無成。

一個人有了創造力，有了智慧和才華，卻不去使用，這可以說是對人的潛能的最大浪費。

不要被困難嚇倒，行動可以使你變得堅強，使你一步步提高。過去的失敗不算什麼，重要的是從失敗中學習。找出你內心真正的渴望，找出你的目標，而後，義無返顧地完成它。不要逃避，不要放棄，要始終如一，堅守目標。要把一切艱難挫折當作使自己更強大、更堅定的機會。

只要你不放棄嘗試，你就永遠不會失敗。要做一個敢於行動的人，要把眼光放到最終的目標上，要自己決定前進的道路上該做什麼，不該做什麼，然後，就把你的熱情、你的活力都投入其中。要心無旁鶩，目標集中。

要隨時準備做出艱難的決定，要從日常生活最細小的事情上做起。重要的不是行動有多浩大，而在於是否去行動本身，是否能夠堅持，直到目標完成。不要經受不住各種誘惑，中途放棄。完成了一個目標之後，再接著往下一個目標努力。

事實上，成功的最大阻礙來自於一個人的惰性。如果我們希望控制環境，而不是讓環境控制我們，那麼，就必須克服惰性，必須行動。只有行動才能幫助你實現自己的目標。

心動不如行動。希望什麼，就主動去爭取，去促成它的發生。我們無法指望別人來實現我們的願望，也不能指望一切都已經成熟，然後輕鬆去摘取果實。永遠不會有這樣的事情發生，我們要徹底打消這樣的念頭。

如果成功的欲望和夢想促使你下一步準備換一種活法的話，你應該當機立斷，跨出決定人生軌跡的這一步。優柔寡斷不是商人的性格，四平八穩不是商人的脾氣，在商界唯有拚才會贏，唯有搏才會成功。

渴望成功者先要作好失敗的準備，因為成功之道是用失敗的經驗鋪墊的。潮起潮落是商海的自然規律，優勝劣汰是商海的競爭規則。山窮水盡，背水一戰，常常是商人的必修「課程」。你作好準備了嗎？尤其是如何面對失敗的心理準備。

成功之道從你這一步開始，這是一種信念，沒有這種信念就不要去闖蕩商海，沒有這種信念也不要去怨天怨人，沒有吃過葡萄就不要說葡萄就是酸的。二十多年來一批又一批「不安分」的知識人、文化人勇敢地闖入商界，一些人已經嶄露頭角，儘管他們清楚未來之路仍然十分艱辛，但他們對於自己最初跨出這一步的選擇，始終無怨無悔。

沒有當初的這一步，人生就不會如此富有挑戰性，生活就不會如此富有創造性。

四 讓行動從今天開始

優秀的員工在工作時，是從不講條件的，而是奉行今天就行動的原則。不要把今天的工作延遲到明天去做，一定要今天的工作今天來完成，爭取今天完成明天的工作。

如果你想要衝破你的人生難關，現在就去做！如果你現在不去做，你永遠不會有任何進展。如果你現在不去行動，你將永遠不會有任何行動。沒有任何事情比下定決心、開始行動更有效果。

有一個古老的說法：「沒有任何想法比這個念頭更有力量，那就是：時候到了！」就我的看法而言，創造出天地萬物的全能上帝不會毫無緣故地賦予你希望、夢想、野心或創意，除非你行動的時機已到！

今天就是行動的那一天！

大多數人只能庸庸碌碌地過一生，並不是因為他們懶惰、愚笨或習慣做錯事；大多數人不成功的原因在於他們沒有做對事情。

他們不曉得成功和失敗的分野何在。要達到成功的第一條守則就是：開始行動，向目標前進！而第二條守則是：每天繼續行動，不斷地向前進！

皮魯克斯總結長期為肥胖症患者做諮詢的經驗，得出一條規律：許多肥胖的人會以肥胖為理由，拒絕做某些事。

例如，他們會說，當我瘦下來時，我就可以搭遊艇，或我就可以得到另一份工作，或我將可以搬家，或我就會尋得一份親密關係等等。

他們像是住在一個神祕的叫作「未來幻象島」地方，在「未來幻象島」上，每件事似乎都可能發生，但實際上卻沒有任何事情會真的實現，因為你永遠都到不了這個地方。

不要等待奇蹟發生才開始實踐你的夢想。今天就開始行動！對肥胖的人來說，每天散散步不是一件多麼大不了的事，但是一旦付諸實行後，這就是一件大成就，何況，散步的確會讓你的體重明顯下降。

除非你開始行動，否則你到不了任何地方，達不到任何目標。趕快行動，否則今日很快就會變成昨日。如果不想悔恨，就趕快行動。行動是消除焦慮的最佳妙方，行動派的人從來不知道煩惱為何物，此時此刻是做任何事情的最佳時刻。

如果你想在一切就緒後再行動，那你會永遠成不了大事。有機會不去行動，就永遠不能創造有意義的人生。人生不在於有什麼，而在於做什麼。身體力行總是勝過高談闊論，經驗是知識加上行動的成果。

若想欣賞遠山的美景，至少得爬上山頂。

上帝給了你大麥，但烤成麵包就得靠自己。

生命中的每個行動，都是日後扣人心弦的回憶。能者默默耕耘，無能者光說不練。你現在就可以開始行動，朝著理想大步邁進。

行動的步驟應該有哪些？把它們一一列出來，然後，開始逐項實行。今天馬上行動！明天也不能懈怠！每天都要持續行動，起步向前走！

當你要擴展銷售業績時，你的行動專案就應該包括增加拜訪客戶的次數。如果你只拜訪了幾個客戶，那你就應該再多拜訪幾個，設定每天的目標，並且遵守它。

如果你想轉換工作，如果需要接受特殊的職業教育訓練，那麼你就馬上報名去參加，繳學費、買書、上課，並且認真作功課。

如果你想學油畫，那你就先找到適合你的老師，購買需要的畫具，然後開始練習作畫。如果你想要旅行，那你現在就開始安排行程，著手規劃。無論你的人生難關是什麼，你今天就可以開始行動，並且堅持不懈！

五　現在就去做

「種下行動就會收穫習慣；種下習慣便會收穫性格；種下性格便會收穫命運」，心理學家兼哲學家威廉．詹姆士這麼說。他的意思是：習慣造就一個人，你可以選擇自己的習慣，在使用座右銘時，你可以養成自己希望的任何習慣。

在說過「現在就去做」以後，只要一息尚存，就必須身體力行。無論何時必須行動，「現在就去做」的象徵從你的潛意識閃到意識裡時，你就要立刻行動。

請你養成習慣，先從小事上練習「現在就去做」，這樣你很快便會養成一種強而有力的習慣，在緊要關頭或有機會時便會「立刻掌握」。

行動可以改變一個人的態度，使他由消極轉為積極，使原先可能糟糕透頂的一天變成愉快的一天。

總之，如果下定決心立刻去做，往往會激發潛能，往往會使你最渴望的夢想也能實現。

「現在就去做」可以影響你生活中的每一部分，它可以幫助你去做該做而不喜歡做的事；在遭遇令人厭煩的職責時，它可以教你不推脫不延誤。但是這個剎那一旦錯過，很可能就永遠不會再碰到。

請你記牢這句話：「現在就去做！」

六 行動的力量

有一次，為了談成一宗出口生意，日本本田公司總裁本田宗一郎在濱松一家餐館招待外國商人。席間，客人進洗手間，不小心竟將自己的假牙掉進了糞池。

本田宗一郎聽說後，跑進廁所二話沒說，脫光衣服，跳進糞池，用木棒打撈，要是用力過猛，假牙就會沈下去，所以得小心翼翼地慢慢打撈。撈了好一陣子，才找到假牙。

打撈起來，沖洗乾淨，並消毒處理後，本田宗一郎首先試了試，然後才拿著它，將它交給了客人。完全絕望了的外國客人感動了、震驚了，宴會廳又沸騰了起來，生意當然也做成了。

本田宗一郎自己率先做最棘手的事、最艱苦的活，親自做示範，這種無聲的行動，告訴雇員：你們也要這樣做；告訴顧客：我們是最值得信賴的合作夥伴。

第四課：讓機遇催化行動

當機立斷常常可以避免做事情的乏味和無趣。拖延則通常意味著逃避，其結果往往就是不了了之。

一　在「關鍵時刻」抓住機遇

每個人的成功故事都取決於某個關鍵時刻，這個時刻一旦猶豫不決或退縮不前，機遇就會失之交臂，再也不會重新出現。

麻塞諸塞州的州長安德魯在一八六一年三月三日給林肯的信中寫道：「我們接到你們的宣言後，就馬上開戰，盡我們的所能，全力以赴。我們相信這樣做是美國和美國人民的意願，我們完全廢棄了所有的繁文縟節。」

一八六一年四月十五日那天是星期一，他在上午從華盛頓的軍隊那邊收到電報，而第二個星期天上午九點鐘他就作了這樣的記錄：「所有要求從麻塞諸塞出動的兵力已經駐紮在華盛頓及札羅要塞附近，或者正在去往保衛首都的路上。」

安德魯州長說：「我的第一個問題是採取什麼行動，如果這個問題得到回答，第二個問題就是下一步該做什麼。」

英國社會改革家喬治．羅斯金說：「從根本上說，人生的整個青年階段，是一個人個性成型和希望受到指引的階段。青年階段無時無刻不受到命運的擺布——某個時刻一旦過去，指定的工作就永遠無法完成，或者說如果沒有趁熱打鐵，某種任務也許永遠都無法完工。」

拿破崙非常重視「黃金時間」，他知道，每場戰役都有「關鍵時刻」，把握住這一時刻意味著戰爭的勝利，稍有猶豫就會導致災難性的結局。拿破崙說，之所以能打敗奧地利軍隊是因為奧地利人不懂得五分鐘的價值。

據說，在滑鐵盧企圖擊敗拿破崙的戰役中，那個性命攸關的上午，他自己和格魯希因為晚了五分鐘而慘遭失敗。布呂歇爾按時到達，而格魯希晚了一點。就因為這一小段時間，拿破崙就被送到了聖赫勒拿島上，從而使成千上萬人的命運發生了改變。

有一句家喻戶曉的俗語幾乎可以成為很多人的格言警句，那就是：任何時候都可以做的事情往往永遠都不會有時間去做。

非洲協會想派旅行家利亞德到非洲去，人們問他什麼時候可以出發。他回答說：「明天早上。」當有人問約翰．傑維斯（即後來著名的溫莎公爵），他的船什麼時候可以加入戰鬥，他回答說：「現在。」科林．坎貝爾被任命為駐印軍隊的總指揮，在被問及什麼時候可以派部隊出發時，他毫不遲疑地說：「明天。」

與其費盡心思地把今天可以完成的任務千方百計地拖到明天，還不如用這些精力把工作做完。而任務拖得越後就越難以完成，做事的態度就越是勉強。

在心情愉快或熱情高漲時可以完成的工作，被延遲幾天或幾個星期後，就會變成苦不堪言的負擔。在收到信件時沒有馬上回覆，以後再揀起來回信就不那麼容易了。許多大公司都有這樣的制度：所有信件都必須當天回覆。

當機立斷常常可以避免做事情的乏味和無趣。拖延則通常意味著逃避，其結果往往就是不了了之。做事情就像春天播種一樣，如果沒有在適當的季節行動，以後就沒有合適的時機了。無論夏天有多長，也無法使春天被耽擱的事情得以完成。某顆星的運轉即使僅僅晚了一秒，它也會使整個宇宙陷入混亂，後果不堪涉想。

「沒有任何時刻像現在這樣重要，」愛爾蘭女作家瑪麗．埃奇沃斯說，「不僅如此，沒有現在這一刻，任何時間都不會存在。沒有任何一種力量或能量不是在現在這一刻發揮著作用。如果一個人沒有趁著熱情高昂的時候採取果斷的行動，以後他就再也沒有實現這些願望的可能了。所有的希望都會消磨，都會淹沒在日常生活的瑣碎忙碌中，或者會在懶散消沈中流逝。」

二 快速行動捕捉機遇

對於比較複雜的局面需要從各方面權衡和考慮，一旦打定主意，就不要懷疑，不要更改，甚至不留退路。

最重要的是：「抓住稍縱即逝的時機做出決定，立即採取行動，馬上進行計劃並付諸實施，透過執行決定來解決問題。」

寶潔公司的創始人之一，威廉．普羅克特，三十一歲時來到辛辛那提尋找機會。他發現，在這個兩萬五千多人口的城市裡，製造蠟燭的原料非常豐富，但高品質的蠟燭十分缺乏。他小時候曾經在英國的蠟燭作坊工作，懂得怎樣製造高品質的蠟燭。於是他果斷地決定辦一個蠟燭工廠。他說服了自己的連襟，一家小肥皂廠的股東甘布林，合夥辦蠟燭工廠。

肥皂工廠在當時是慘澹經營的，因為，除非身上臭不可聞，人們不洗澡，據說，就連英國女王伊麗莎白一世，一年也只洗一次澡，還說：「如果不是因為身分，這一次也可以免掉。」甘布林看到製造蠟燭的大好前景，便毅然退出了肥皂廠。他們倆合夥辦起的蠟燭廠就是將來的寶潔公司。

蠟燭使他們賺了一些錢。但是，當「人越清潔，離上帝越近」的觀念深入人心、洗澡成為時尚、肥皂的需求量大增時，他們又將經營重心轉向了肥皂，並以良好的信譽贏得了市場。

當時，松香是製造肥皂的重要原料，只能從美國南方購買，南北戰爭爆發前，他們預見到松香的供應將會短缺，便大量採購、儲存在庫房裡，結果，當松香的價格上漲十五倍、許多肥皂廠不得不停產時，寶潔公司仍然正常生產，度過了難關。

準確的判斷和及時的決策使寶潔公司始終領先於它所在的行業。在松香、豬油等原料開始匱乏的年代裡，寶潔公司首先投入資金研究製造肥皂的新技術，他們找到了易得的原料和經濟的生產工藝，推出了比舊式肥皂更好、更廉價的產品「象牙肥皂」。基於對新產品的信心，他們史無前例地投入一萬一千美元的廣告經費，向人們宣傳：「象牙肥皂的純度高達99.4％。」此後在科研、廣告方面，他們總是捷足先登，維持著在清潔劑行業中的領先地位。

在任何情形下，都保持清醒的頭腦和正確的判斷力，在別人驚慌失措時仍然保持鎮靜，在別人荒唐不經時仍然知道自己該幹什麼，只有這樣才能成就大事。

我們常常看到一些能力平平、業績也不出眾的人擔任著重要的職位，他的很多同事也不能理解。其實確定重要職位的人選時，不光要考察職員的才能，更要考慮他們性格是否沈穩、頭腦是否清醒、對事物的判斷是否準確。

這一點也關係到人的意志力。一個頭腦鎮靜的人，遇到困難和挫折時不會輕易動搖。經濟損失、事業失敗、艱難困苦都不能使他失態，事業成功不會使他驕傲輕狂，因此他安身立命的基礎是牢靠的。

在任何情況下，做事之前要有所準備、未雨綢繆，免得遇到困難亂了陣腳。當別人慌亂時，你能穩住陣腳就有很大優勢。

在社會中，只有遇事不慌臨危不懼的人才能成就大事，而那些情緒不穩、時常動搖、缺乏自信、遇到危險就躲、遇到困難慌神的人，只能過平庸的生活。

在人們心目中，愛迪生首先是一位偉大的發明家，事實上，他還是一位成功的商人，只是被他身上科學的光輝掩蓋著。他從小就具備敏銳的判斷力。一八六二年春，南北戰爭期間，十五歲的愛迪生在火車上賣報，有戰事消息的報紙都特別好賣，他想：如果能預先知道報紙上登什麼消息，就可以賺一票了。

於是他找到排字工人，請求在付印之前看看校樣。四月的一個下午，他看到夏洛伊戰役的慘烈消息，心想：「這可不得了。」

他比平時多買了幾倍的報紙，一個站一個站地叫賣，站臺上的人群彷彿都在翹首盼望這個消息，他從底特律賣到休倫，從五美分賣到一美元，把報紙賣得精光。

那一段時間他敏銳地意識到報紙是大眾急需的東西，消息越新的報紙越受歡迎。坐火車的人尤其需要報紙來消磨時間。他決定自己辦報。按理說這是一項龐大的工作，需要印刷機、新聞記者、編輯和撰稿人，但愛迪生做起來毫無畏懼。他憑一架二手的、用來印功能表的小型印刷機，就做了起來。

他獨自包攬了社長、記者、印刷工、發行人和報童的工作，把自己打聽到的鐵路新聞登在這份叫作《先驅者》的小報上：「詹姆斯溪車站的行李長約翰·羅賓遜昨天摔下站臺，一條腿受傷。」「伯林頓三號機車已進廠大修。」每張賣八美分，平均每天發行四百份，就這樣，愛迪生又實現了一個想法。紐約《先驅報》的名氣竟然傳到了英國，一位叫喬治·史蒂芬遜的工程師坐這列火車，買了一千份，回國後，在倫敦《泰晤士報》上讚揚它是破天荒在火車上出版的報紙。

成年後，愛迪生在科學上、經濟上都取得了大量的成就，這有賴於他敏銳的判斷力和果斷的行動。當人們都在點煤氣燈時，電燈只是一種理論上的照明設備，愛迪生堅信電燈終將普及，只要它克服壽命不長、成本高的缺陷。他毫不猶豫地投入時間和金錢，改進電燈的性能，降低其成本，同時建立發電站和輸電網。一旦他的研究成果投入使用，就勢不可擋地推廣開了。

他研究無聲電影時，大量移民正在擁入美國，很多人聽不懂英語，無法觀賞戲劇，只好在雜耍場、音樂廳消磨時間。愛迪生看到無聲電影的巨大市場，便透過技術上、法律上的各種手段壟斷了影片的生產。

如果你有猶豫不決的壞習慣，那麼請你抖擻精神，它在耗掉你的精力，毀掉你的機會！擊敗這個成功道路上的敵人！不要等到明天，今天就行動起來吧！

試著做出果斷的決定，強迫自己實行。不管你面對的事情多麼困難，都不要再猶豫。根據你目前的條件，列出各種可能的選擇，從各個角度考慮和衡量，運用你的常識和最敏銳的判斷力，迅速做出決定。

一旦做出決定，就不要再後悔，讓它成為最終的決定。不要再改變主意，不要再考慮，不要重新拿出來討論。要堅定，要迅捷，要大聲向人們宣布，一切都已經決定了！

第五課：讓行動等於成功

如果事情對你很重要，同時你也很想做到，那建議你現在就開始做，現在就開始行動起來，將你的全部能量都投入到為成功所作的努力中，這樣，結果往往會令你滿意的。最重要的是，不要考慮失敗，不要考慮萬一，只要你行動起來，你就會有收穫。

一 及時行動，成功在望

如果你在小事方面也猶豫不決，為難下決心而痛苦，害怕選擇到錯誤的方案，那你就要記著：「猶豫不決幾乎是你能犯的最壞的錯誤。」如果你選擇一項看起來比較好的方案，有信心地宣佈出來，並已全速實行，你所得到的結果，通常都比長期為難以下決定而痛苦要好得多。

某些決定，例如要不要改換工作，明顯的需要多多考慮，而不應該草率決定。但是可以獲得的事實情況已得到了，就可以決定，然後就該停止徘徊於利弊之間，才能把全部精力用於實現這個決心。

至於小的決定——我們每天都會面對到的各種尋常的決定，一般而言，是下得愈快愈好。如果你要拖延到「全部」異議都克服以後才下決定，你就永遠不能做好事情。

成功的人物並不是在問題發生以前，先把它統統消除，而是一旦發生問題時，有勇氣克服種種困難。我們對於一件事情的完美要求必須折衷一下，這樣才不至於陷入行動以前永遠等待的泥沼中。當然最好是有逢山開路、遇水架橋那種大無畏的精神。

當我們決定一件大事時，心裡一定會很矛盾，都會面對到底要不要做的困擾。下面的實例是一個年輕人的選擇，沒有抱怨，而是立即去做，他終於大獲成功。

傑米先生是個普通的年輕人，大約二十多歲，有太太和小孩，收入並不多。他們全家住在一間小公寓裡，夫婦兩人都渴望有一套自己的新房子。他們希望有較大的活動空間，比較乾淨的環境，小孩有地方玩，同時也增添一份產業。

買房子的確很難，必須有錢支付分期付款的首付款才行。有一天，當他簽下一個月的房租支票時，突然很不耐煩，因為房租跟新房子每月的分期付款差不多。

傑米對太太說：「下個禮拜我們去買一套新房子，你看怎樣？」

「你怎麼突然想到這個？」她說，「開玩笑！我們哪有能力！可能連頭期款都付不起。」

但是他已經下定決心：「跟我們一樣想買一套新房子的夫婦大約有幾十萬，其中只有一半能如願以償，一定是什麼事情使其他人打消了這個念頭。我們一定要想辦法買一套房子。

雖然我現在還不知道怎麼湊錢，可是一定要想辦法。」下個禮拜他們真的找到一套倆人都喜歡的居室，樸素大方又實用，首付款是一千兩百美元。現在的問題是如何湊夠一千兩百美元。他知道無法從銀行借到這筆錢，因為這樣會妨害他的信用，使他無法獲得一項關於銷售款項的抵押借款。

可是上天不負有心人，他突然有了一個靈感，為什麼不直接找經銷商談談，向他借私款呢？他真的這麼去做了。經銷商起先很冷淡，由於傑米一再堅持，他終於同意了。

他同意傑米把一千兩百美元的借款每月償還一百美元，利息另外計算。現在傑米要做的是，每個月湊出一百美元。夫婦兩個想盡辦法，一個月可以省下二十五美元，還有七十五美元要另外設法籌措。

這時傑米又想到另一個點子。第二天早上他直接跟老闆解釋這件事，他的老闆也很高興他要買房子了。

傑米說：「T先生（就是老闆），你看，為了買房子，我每個月要多賺七十五元才行。我知道，當你認為我值得加薪時一定會加，可是我現在很想多賺一點錢。公司的某些事情可能在週末做更好，你能不能答應我在週末加班呢？有沒有這個可能呢？」

老闆對於他的誠懇和雄心非常感動，真的找出許多事情讓他在週末工作十小時，他們因此歡歡喜喜地搬進新房子了。

02 不行動就不能獲得成功

你希望有一筆巨大的財富，你渴望成功，你甚至想得到別人沒有的東西，可是你行動了嗎？大多數人渾渾噩噩、不思進取，他們毫不吝惜地浪費時間，做起事來拖拖拉拉，這樣的人永遠不會有所作為，可他們又渴望成功，這種矛盾的心理衝突會造就浮躁。

儘管成功是急不得的，但如果不立刻行動起來，永遠都不會成功。

每個人都有或有過非常美麗的夢想，只是有的人將夢想變成了現實，而有的人只能永遠與夢想相伴。

一個聲音說，我要將成績提高到班級前三名，另一個聲音說，這不可能，我不夠聰明，我條件不好；一個聲音說，我想要考上大學，另一個聲音說，那麼多人要考大學，你競爭不過的；一個聲音說，我想考上研究生，另一個聲音說，你平時成績也不怎麼好，希望太小了，簡單是浪費時間；一個聲音說，我想自己創業。

另一個聲音說，你一沒資金，二沒經驗，三沒市場，四沒技術，等等吧，等到有了資金，有了經驗，有了機會，再創業吧……這些聲音聽起來，似曾相識，因為我們都曾有過這樣的內心衝突。是的，我們每個人都可以擁有美麗的夢想，但並非每個人都能真正實現，因為沒有立刻開始行動。

人們常常對那些精力充沛、善於利用時間的人很羨慕。同樣是一雙手，為什麼他們能創造令人羨慕的財富？同樣都有二十四個小時，為什麼他們卻能將這二十四個小時當作四十八個小時來使喚？

他們在完成工作的同時還能從容愜意地享受生活；而你，卻只能永遠地拒絕朋友們的邀約，因為一天的工作已經耗乾了你的精力，更加不能忍受的往往是老闆給你的最後期限已經步步緊逼，可是工作卻依然沒有完成。這究竟是為什麼？

曾經有一位哲人說過：時間會飛翔，而你卻是駕駛員。

不過，時間卻並不能被每個人輕易地控制在手中。因為時間就像潛伏在我們身邊的小偷，它總是在你不留意的瞬間出擊，偷走你那些寶貴的時間。

或許，你因為個性弱點，成為了時間小偷緊釘不放的對象，它就在你猶疑、斟酌、抱怨的時候悄無聲息地把時間帶走了；又或許你自以為個性圓滿，不應被時間小偷侵襲，可卻整日生活在生死時速中，又無所作為。

如果你是個思前想後、猶豫不決的人，那麼，你必須想一想遲疑的後果，既浪費了時間，又增大了壓力。你是否要求事事完美？你是否帶著情緒去做一件你不願做的事？無論前者或後者，都是錯誤的作法。

事實上，這樣的行事風格只會延誤工作、降低效率，並且導致你的自信心受損，以及令別人對你失去信任。

俗話說「一懶百病生」。人的許多惡劣品質都是由懶而生的。克服懶惰的唯一辦法就是立刻開始行動，就是不要浪費時間，要珍惜時間、節約時間，今天的事應該今天完成，不要拖到明天。

學會將時間據為己有，善於利用時間，一分鐘都不要輕易浪費，會使你的工作更加精彩。

如果事情對你很重要，同時你也很想做到，那建議你現在就開始做，現在就開始行動起來，將你的全部能量都投入到為成功所作的努力中，這樣，結果往往會令你滿意的。最重要的是，不要考慮失敗，不要考慮萬一，只要你行動起來，你就會有收穫。

三 行動是成功的開始

一根小小的木樁，一截細細的鍊子，拴得住一頭千斤重的大象，這不荒謬嗎？可這荒謬的場景在印度和秦國隨處可見。

那些馴象人，在大象還是小象的時候，就用一條鐵鍊將它綁在一個小木樁上，無論小象怎麼掙扎都無法掙脫。小象漸漸地就習慣了不掙扎，直到長成了大象，雖然可以輕而易舉地掙脫鍊子，但牠不會再嘗試了。

非洲有種大黃蜂，翅膀很小身體很大，它們看似普通卻成為眾多科學家們研究的對象，因為根據動力學原理的資料分析，它們的翅膀大小和體重的比例，應該是不可能飛起來的，但就因為它們不懂動力學，所以它們飛了起來！

動物如此，人又何嘗不是呢？我們往往根據自己的經驗去判斷很多事情的結果，而輕視了自己的真實能力和環境的變化。

實驗是檢驗一切真理的唯一標準，這句話充分體現了行動的重要性，沒錯！我們以前是失敗過，今天可能還會失敗，但並不代表明天不會成功。

第六課：為行動而實幹

常常對自己說：「我要完成它！」以這種態度做事，沒有不成功的道理。

一 在實幹精神下行動

實幹精神能夠讓一個年輕人實現自己的願望，從芸芸眾生中脫穎而出。如果人們都能全身心投入到自己的工作中去，即便是能力一般的人，也能取得很好的成績，即使那些令人厭煩的人，也會使人改變對他的看法。

每一個老闆自然而然地覺得，勤勤懇懇、全神貫注、充滿熱情的員工更有價值。每一次提升對他們都是莫大的鼓勵。這些員工的積極心態也常常感染上司，上司也知道，這樣的下屬在盡力幫助自己，並且對那些喜歡逃避責任的員工也是一種激勵。

另一方面，在那些冷漠、粗心大意、懶惰的員工的影響下，領導者自己也覺得壓抑、對工作失去信心，存在一種隨遇而安的心理。

因此，他會自覺地與有良好心態的員工在一起，關心他們的生活，對那些不專心工作、開脫責任、不注重實績的員工，有一種本能的排斥心理。

對工作的不同態度──或一心一意或三心二意，或充滿熱情或不冷不熱，或專注投入或冷漠隨便，存在於各行各業。有的鞋匠無論是打個補靪還是換一個鞋底，他們都會一針一線地精心縫補。

另外一些人截然相反，隨便打一個補釘，根本不管它的外觀，好像自己只是在謀生，根本沒有熱情來關心工作的品質。前一種人熱愛這項工作，不是總想著從修鞋中賺多少錢，而是希望自己手藝更精，成為當地最好的補鞋匠。

有一些教師常以大師的標準要求自己，在教育生涯中全力以赴，以滿腔愛心、同情心和責任心對待每一位學生，學生也能從他那裡得到教益，成為一生的財富。他們好像要把溫暖的陽光照射到每個同學的心中。

教室就像他們的作畫室，而他們是站在畫布前面的大師，全神貫注於自己的創作。

另外一些教師的態度則截然不同，從早晨一開始就對一天的工作覺得厭倦，想到要去給那些愚蠢的學生上課，就膩煩透頂，想著如果哪一天不用上課就自由了。他們的授課既無熱情，也無生氣，反而把不良心態傳染給了學生。

正是富有詩意的心態、愉快樂觀的精神、飽滿的生活熱情，使得自己把枯燥乏味的日常工作，看成是充滿激情與成就感的事業，並身體力行。

「生活中有一條顛撲不破的真理，」英國哲學家約翰．密爾說，「不管是最偉大的道德家，還是最普通的老百姓，都要遵循這一準則，無論世事如何變化，也要堅持這一信念。它就是，在充分考慮到自己的能力和外部條件的前提下，進行各種嘗試，找到最適合自己做的工作，然後集中精力、全力以赴地做下去。」

他把勤奮工作看成是一個人擁有真正生活的保護神。在他去世前幾年，當被請求用一句簡單的話概括生活的準則。

他說：「這條準則可以用一個詞語表達：行動。行動是生活的第一要義；不行動，生命就會變得空虛，就會變得毫無意義，也不會有樂趣。沒有人遊手好閒卻能感受到真正的快樂。對於剛剛跨入社會門檻的年輕人來說，只是三個詞語：行動，行動，行動！」

當一個人喜愛他的工作時，你可以一眼看出來。他非常投入，其表現出來的自發性、創造性、專注和謹慎，十分明顯。而這在那些視工作為應付差事、乏味無聊的人那裡，是根本看不見的。

這樣的情形在辦公室、商店、工廠裡也經常見到。一些職員拖拖遝遝似乎連走路都費很大的勁，讓人覺得，生活彷彿是個沈重負擔。他們討厭自己的工作，希望一切都快些結束，他們根本就不明白，為什麼別人能充滿熱情，幹勁十足，自己卻總是覺得什麼都單調乏味。

看著這樣的職員做事，簡直就是受罪。而那些充滿樂觀精神、積極向上的人，總有一股使不完的勁，神情專注，心情愉快，並且主動找事做，期望事業越做越大。

作為企業家，愛迪生是實幹型的。二十三歲時他辦工廠，招募了一批工程師、工匠，層出不窮地推出各種電氣發明，這些人都熱愛自己的工作、迷戀自己充滿創造力的頭腦和雙手，都是工作狂，而愛迪生是「總工作狂」。

他每天的睡眠時間不到四個小時。他的辦公桌就在工作室一角，每當完成一項發明，他就站起來，跳起非洲大陸的原始舞，嘴裡還唸唸叨叨：「這麼簡單的解決辦法，怎麼原來沒想到。」這已經成了一種標誌、一種信號，工人們一看到老闆跳舞，就圍過來，他們知道又有新鮮事可做了。

訂單像雪片一樣飛來，在不斷增加人手的情況下還要日夜開工。工人們沒有抱怨，共同的興趣在他們和愛迪生之間建立了友誼，何況這個不吝惜金錢的老闆經常用金錢獎勵他們。

當伊雷爾把開火藥廠的想法告訴父親皮埃爾時，皮埃爾以為他在異想天開，在大家印象中，這孩子從小就是個沈默寡言的書呆子。皮埃爾對伊雷爾的計劃不感興趣，讓他自己解決資金、廠址和其他問題，一切由他自己張羅。

隨後，伊雷爾以出色的實幹精神證明自己不是個空想家。他做得井井有條。他被生產世界上最棒的火藥的狂想鼓舞著，一心專致在上面，東奔西走。

他手頭的錢不夠，一流的設備都在法國，廠址不知道安在哪裡比較合適，一切都沒有著落，他知道，自己不可能像小時候那樣用試管和藥匙把火藥生產出來。但他一件事一件事地落實。

首先選廠址，為了爭取政府的訂貨，他想在華盛頓附近找地方。但是，經過一番實地考察後，他發現這裡沒有火藥廠需要的激流、森林和花崗岩。在美國轉了一大圈，他終於看中了特拉華州的白蘭地河畔，這裡水流湍急，蘊含著動力，河邊的大片森林是未來的燃料，山上的花崗岩可用於提煉硝石。

伊雷爾站在白蘭地河邊，抑制不住內心的激動，大聲喊道：「我找到了！找到了！」就像哥倫布發現新大陸、阿基米德發現浮力定律時那樣叫喊。

這裡還有大量廉價的勞動力，無數的法國難民聚居在這裡，要求的報酬比美國人低得多。他還認識了剛剛被法國政府驅逐出境的富翁彼德．皮提，並說服此人入股。就連法國政府也得知了伊雷爾的活動，為了增加火藥來源以便與英國開戰，法國政府火藥局向伊雷爾提供了先進的生產技術和設備，還督促銀行家投資……總之，堅持不懈的努力漸漸把各個環節的設想變成了明確的現實。

一八〇二年四月，生產火藥的杜邦公司成立了。這只是個開頭，生產和經營中需要解決的問題還很多。伊雷爾親自設計廠房的結構，讓它最大限度地減輕爆炸的可能性；他夜以繼日、廢寢忘食地指揮基建和設備安裝。經過一年緊張的準備工作，火藥廠開工了。由於動力不足，試生產失敗了。

當伊雷爾打算在白蘭地河上游修建水壩時，有人正搶著做這件事，這些人想控制火藥廠的動力源，伊雷爾透過法律手段驅逐了他們。又過了一年，火藥才成功地生產出來，它們的品質是上乘的，但它們沒有名氣，被經銷商退了回來。

伊雷爾在《華爾街日報》上向整個美國宣傳：特拉華州是個狩獵的好地方，這裡還有杜邦公司的狩獵俱樂部，來這兒打獵的人，都會得到免費的火藥。在一陣宣傳之後，訂單像雪片般飛來了。

一八〇五年，美國政府將杜邦公司定為軍方火藥的定點生產企業。伊雷爾就這樣掘到了。

第一桶金。

詩人朗費羅則說：「日常生活看似枯燥乏味卻非常重要，就像時鐘的發條一樣，可以讓鐘擺勻速地擺動，讓指標指示正確的時間。當發條失去動力時，鐘擺就會停止，指標也不再前進，時鐘靜靜地躺在那裡，不再有任何價值。」

很多人心存這樣的想法：人人都在命運之神的掌握之中，所以，只要等待好運降臨就行了。這是一個可怕的念頭，對人的天賦、智慧、品格禍害最大的莫過於此。要鼓起勇氣、拿出力量、採取行動。常常對自己說：「我要完成它！」以這種態度做事，沒有不成功的道理。

一百多年前有一位家住羅德島的人，他殫精竭慮，砌了一堵後牆，就像一位大師要創作一幅傑作一樣，其專注程度甚至有過之而無不及。

他翻來覆去地審視著每一塊磚頭，研究這塊磚頭的特點，思考如何把它放在最佳位置。砌好以後，從不同的角度，再細細打量，像一位偉大的雕刻家，欣賞著粗糙的大理石變成的精美塑像，其滿足程度可想而知。

他把自己的品格和熱情都傾注到了每一塊石頭上。每年，到他的農莊參觀的人絡繹不絕，他也很樂意解說每一塊石頭的特點以及自己是如何把它們的個性充分展現出來的。

你會問砌一堵後牆有什麼意義呢？這堵圍牆已經存在了一個多世紀，這就是最好的回答。你可以讓兒子繼承萬貫家財，但是你真正給了他什麼呢。

你不能把自己的意志、閱歷、力量傳給他；你不能把取得成就時的興奮、成長的快樂和獲取知識的驕傲傳給他；也不可能把經過苦心訓練才得來的嚴謹作風、思維方法、誠實守信、決斷能力、優雅風度傳給他。

那些隱含在財富之中的技巧、洞察力和深思熟慮，他是不知道的。為了賺得鉅額財富，保住自己高高在上的地位，從而培養出堅強的毅力和苦幹的精神，這都是從實際生活中逐漸鍛鍊和塑造出來的。

對於你來說，財富就是閱歷、快樂、專長、紀律和意志。而對於你的繼承人來說，財富則意味著迷惑，可能會讓他更焦慮、更卑微。財富可以幫助你取得更大成功，但對於他來說，則是個大包袱。

是的，如果你為孩子做了任何事，單單忘了教誨他養成勤奮工作的習慣，對他則是最為不幸的事，他會淪為生活的弱者。

我們經常可以看到這樣的悲劇：一位富商把自己的孩子安置在自己開設或自己擔任股東的企業裡，儘管他的孩子毫無領導才能，職位卻高人一等。在這孩子手下做事的員工，都比他盡力，經驗也比他豐富得多。

沒有人對他心悅誠服，這使他陷入尷尬的境地，羞愧難當。其實，這個職位應該由一位在商界工作多年、富有經驗、精明能幹的人擔當。

一個人只有靠自己奮鬥、竭盡自己的心智、克服無數的艱辛謀到職位，才算得上真正的光榮，才能獲得別人的信任和尊重。如果你現在的職位並非透過自己的苦幹，而是透過其他方式謀到的，那你做起事來感覺一定不太好。

如果是由於父親面子，或其他親友的提攜，在現在的職位上，你一定會覺得工作非常生疏難做，因為這個職位不是你腳踏實地謀得的。

迪恩．法拉說：「工作是人類與生俱來的權利，至今仍保存完好，它是最有效的心靈滋補劑，是醫治精神疾病的良藥。

「這從自然界就可以得到體認。一潭死水會逐漸變臭，奔流的小溪會更加清澈。如果沒有狂風暴雨，沒有颶風海嘯，地球上全部是陸地，空氣靜止不動，這樣的世界就毫無生趣。在氣候宜人、四季溫暖如春的地方，人們十分愜意地享受著生活，自然容易無精打采，甚至對生活產生厭倦。但是，如果他每天要為自己的生計奔波、與大自然作激烈的搏鬥，他就會精神抖擻，經受各種鍛鍊，發展出最強的力量。」

富蘭克林說：「在我們中間，有不少能工巧匠和勞動者，受到了一夜致富的空想的蠱惑，荒廢了自己的本行，幾乎毀了自己和家庭。他們鬼迷心竅地尋找幻想中的寶藏，在樹林和灌木叢中遊蕩，尋找一些記號，半夜裡，他們帶著鐵鍬趕到有希望的地點，神魂顛倒地做著，由於害怕傳說中守護寶藏的厲鬼，他們的每個關節都在發抖。他們刨出一個大坑，挖出幾車土，但是天哪，什麼匣子或鐵罐也沒有！也沒看見盛著西班牙古金幣的水手的箱子！他們以為在行動中出了什麼差錯，說錯了什麼話或違反了什麼清規戒律，讓神靈生氣了，讓寶貝沈得更深了。」

「誠實的彼得．柏克蘭，徒勞地尋找這種寶藏已經很久了……讓他想想，在作坊裡賺的一分一毫正在積少成多，幾天過去就相當於一塊金幣了；也讓費伯想想他釘進去的每顆釘子、刨出的每一片木屑的價值吧。這類想法會讓他們勤勉。其實，他們本有可能在一定時間內致富，卻為了那種可笑的胡思亂想，一天天泡在喬治的酒店裡，和無所事事的星相預言家一起策劃怎麼去尋找那些從來沒有被埋藏的東西，也不管家裡離開了他們這些主心骨怎麼胡亂應付生計，就在深更半夜離開妻子和溫暖的床（假定是在所謂關鍵時刻，無論下雨、落冰雹、下大雪還是颳大風），風風火火地跑去挖那永遠找不到的東西，就算不送命，也把自己弄的狼狽不堪、好些日子不能工作，這是多麼荒唐啊！的確，這是真正無與倫比的傻瓜和瘋子。」

伽斯特縣的亞格里科拉，在把一座大好莊園交給兒子時說：「我的孩子，現在我把一大塊寶貴的土地交給你，我向你保證，我靠挖掘它而得到了一大堆金子，你不妨也這樣做。但是你得小心，絕不要掘過了一犁深。」

富蘭克林強調實幹精神，而他自己就是一個實幹家。在印刷廠打工時，他迅速、出色地掌握了專業技能，憑實力成為領高薪的工頭。

在上班時間他以最高的效率工作，在工餘時間他抓緊時間讀書。他用自己賺的錢買機器設備，籌辦自己的印刷所，並且在競爭中獲勝。從小到大，在印刷所工作、博覽群書、筆耕不輟，使他成為極其嫻熟的印刷技師和出色的寫手。

創業初期，他插手印刷所和報紙的一切事務一一撰稿、編輯、策劃廣告、排字、印刷、修理設備……那些簡陋的印刷機難免會出一些故障，他就是通宵達旦地工作也要努力解決故障、按時完成業務。他沒有時間去娛樂場所，沒有時間和人閒聊，沒有時間釣魚打獵，只把少得可憐的閒暇時間用於讀書。

總之，他一直在行動。他在科學上的貢獻是舉世矚目的，如果沒有實幹精神，他無法做出這麼多的貢獻——他揭示了電的本質，提出了「正電」和「負電」的概念，用普羅米修斯式的行動揭開了雷電的祕密，在電學、熱學、數學、海洋學、植物學等方面都有造詣，還發明了避雷針、新式火爐、電輪、三輪鐘、雙焦距眼鏡、自動烤肉機、玻璃樂器、高架取書器、新式路燈……一個人身上集中了如此之多的成就，實在令人驚訝。

「每天早晨起床後，」金斯利說，「不管你喜不喜歡，你都得有事做，強迫自己工作並盡最大努力做好，可以培養自控能力、勤奮、意志力等各種美德。在懶惰的人那裡，是沒有這些優點可言的。」

要提升自己的人格、發展自己的個性，最重要的是立即採取行動，去做你想做的事情。如果你缺乏勇氣、忍耐力、魄力、決斷力，那就磨練自己具備這些能力。應該深信，上帝賦予你一種神奇的力量，使你能夠改變自己。

第七課：為行動時刻準備著

人們往往將一個人的成功歸功於他的運氣，其實人生充滿機會，成功者能識別它，牢牢地把握它。

被動的等待或守株待兔，根本是浪費時間、錯失良機的舉動。而這亦無異於把自己的命運交付給未可知的外力來決定。有許多人終其一生，都在等待一個足以令他成功的機會。而事實上，機會無所不在，重要的在於，當機會出現時，你是否已準備好了。

你想獲得你所想要的東西，還要做到，一旦看準了目標就立即行動，並且要「多走些路」。克里曼特．史東自述的親身經歷可以說明這兩條原則：

一個晚上，我正在墨西哥城訪問弗蘭克和克勞迪婭夫婦。克勞迪婭談到：「我盼望我們在加丁區能夠有一所房子。」（加丁區是這個美麗的城市中最令人向響的地方。）

「你們為什麼還沒有呢？」我問。弗蘭克笑著答道：「我們沒有這筆錢。」

「如果你知道你想要什麼，那有什麼關係呢？」我問道，未等回答，我又提出一個問題：「順便說一下，你是否讀過一本激勵自己的勵志書？」

「沒有。」這是回答。

於是我就告訴他們一些人的經歷，這些人知道他們想要什麼，讀了一些勵志書，聽從書中的意見，然後就付諸行動。

我甚至告訴他幾年前我以自己的條件一一首次付款為一萬五千美元的分期付款，購買了一套價值二十萬美元的新房子以及怎樣如期付清的房款。我答應送給他們一冊我推薦的書。弗蘭克和克勞迪婭下了決心。

就在這一年的十二月，當我正在我的書房裡學習時，我接到克勞迪婭打來的電話，她說：「我們剛剛從墨西哥城來到美國，弗蘭克和我所要做的第一件事就是感謝你。」

「感謝我，為什麼？」

「我們感謝你，因為我們在加丁區買了一所新房子。」

幾天後在吃飯時，克勞迪婭解釋道：「在一個星期六的傍晚，弗蘭克和我正在家裡休息。有幾位從美國來的朋友打電話來，要我們用汽車把他們送到加丁區去。」

「恰好那時我們兩個人都相當疲乏。此外，我們在本週早些時候已送過他們到那裡。弗蘭克正準備說『請求原諒』，這時這本書上的一句話閃現於他的心中——多走些路。」

弗蘭克說：「當我用汽車送他們透過這人造的天堂時，我看見了我所夢想的房子——甚至還有我所渴望的游泳池。」

「弗蘭克買了它。」

弗蘭克說：「你可能很想知道：雖然這個房產的價值超過五十萬披索，而我的存款只有五千披索。但我們住在加丁區新居的費用比住在舊居的費用還要少些。」

「這是為什麼呢？」

「唔，我們買了兩套房間，它們在財產上相當於一所房子。我們將其中的一套租了出去，那套房間的租金足以償付整個房產的分期付款。」

這個故事畢竟並不十分驚人。一個家庭買了兩套房間，出租一套房間，自住另一套房間，這是很普通的事情。使人吃驚的是，一個沒有經驗的人只要弄懂並應用某些成功的原則，他就可以很容易地得到他所想要的東西。

有些人坐等機會，希望好運氣從天而降。而成功者積極準備，一旦機會降臨，便能牢牢地把握。

如果你失業，不要希望差事會自動上門，不要期待政府、工會打電話請你去上班，或期待把你解聘的公司會請你吃回頭草，天下沒有這麼好的事情。

有位年輕人，想發財想得發瘋。

一天，他聽說附近深山裡有位白髮老人，若有緣與他相見，則有求必應，肯定不會空手而歸。

於是，那年輕人便連夜收拾行李，趕上山去。他在那兒苦等了五天，終於見到了那個傳說中的人，他向老者求賜。

老人便告訴他說：「每天清晨，太陽未東升時，你到海邊的沙灘上尋找一粒『心願石』。其他石頭是冷的，而那顆『心願石』卻與眾不同，握在手裡，你會感到很溫暖而且會發光。一旦你尋到那顆『心願石』後，你所祈願的東西就可以實現了！」

每天清晨，那青年人便在海灘上檢視石頭，發覺不溫暖又不發光的，他便丟下海去。日復一日，月復一月，那青年在沙灘上尋找了大半年，卻始終也沒找到溫暖發光的「心願石」。

有一天，他如往常一樣，在沙灘開始撿石頭。一發覺不是「心願石」，他便丟下海去。一粒、二粒、三粒……突然，哇——青年人大哭起來，因為他突然意識到：剛才他習慣性地扔出去的那塊石頭是「溫暖」的——當機會到來時，如果你麻木不仁就會和它失之交臂。

其中有一個學生的想法和其他同學不一樣，他一心想得到教授的禮物留作紀念，的外力來決定。

有許多人終其一生，都在等待一個足以令他成功的機會。而事實上，機會無所不在，重要的在於，當機會出現時，你是否已準備好了。

如故事中小學生給我們的啟示，自己準備妥善，得以迎接機會的到來，是可以循序漸進而習得的。

在過去的歲月中，或許我們一直在等待成功的機會，而耗去了過多的時光，卻等不到機會的出現。從今天起，在等候的同時，我們可以開始做好準備，讓自己保持在最佳狀態，以便機會出現時，你可以緊緊抓住，不讓它溜過。

人們往往將一個人的成功歸功於他的運氣，其實人生充滿機會，成功者能識別它，牢牢地把握它。

我們相信人生中充滿機會，但我們往往不懂得把握。我們歸功於運氣的成就，有許多其實與運氣完全無關，而應歸功於當機立斷、敢作敢為、見人之未見、堅持不懈。

(END)

國家圖書館出版品預行編目(CIP)資料

人生必讀的成功法則 / 李津編著.
-- 初版. -- 臺北市 : 華志文化事業有限公司, 2022.10
面 ; 公分. -- (人生必讀經典 ; 5)
ISBN 978-626-96055-6-9(平裝)

1.CST: 成功法

177.2 111012491

華志文化事業有限公司

系列/人生必讀經典05
書名/人生必讀的成功法則

編著 李津

執行編輯 簡煜哲
美術編輯 楊雅婷
封面設計 王志強
文字校對 陳欣欣
企劃執行 張淑勤
總編輯 黃志中
社長 楊凱翔
出版者 華志文化事業有限公司
電子信箱 huachihbook@yahoo.com.tw
地址 116 台北市文山區興隆路四段九十六巷三弄六號四樓
電話 0937075060

總經銷商 旭昇圖書有限公司
地址 235 新北市中和區中山路二段三五二號二樓
電話 02-22451480
傳真 02-22451479
郵政劃撥 戶名:旭昇圖書有限公司(帳號:12935041)

出版日期 西元二〇二二年十月初版第一刷
書號 B105

華志文化

華志文化